生活中教出孩子的
高情商和好品格

曲老師的情緒素養課

曲智鑛——著

推薦序

努力學習，友善待人

方新舟

做為家長或老師，您希望孩子成為什麼樣的人？您的孩子又是如何看待自己？最近一個民意調查，問千禧年世代他們最希望得到什麼。大部分人回答：錢、名氣、工作成就。這些會讓他們快樂嗎？

哈佛大學成人發展研究（Harvard Study of Adult Development）是全世界為期最長的研究。他們在一九三八年選了七百二十四位二十歲左右的年輕人，每年訪問他們，經過近八十年的調查，十幾萬頁的報告，發現一條簡單且清楚的道理：良好的關係讓我們維持快樂與健康。

良好的關係？是的。除了哈佛的研究，這幾年因為腦科學的進步，大量研究表明，那些無法被標準化考試衡量的非認知能力（包含社交智能、情緒管理、成就品格）比認知能力更能預測一個孩子未來是否會成功。這是為何這幾年社交與情緒學習（Social and Emotional Learning，簡稱SEL）在全世界迅速發展的原因。像新加坡在二〇一四年推出素養導向的新課綱時，就非常重視SEL，他們用SEL把核心價值觀鞏固起來，然後再發展其他核心素養。

為何如此?因為，核心素養是指一個人為適應現在生活及面對未來挑戰，所應具備的知識、能力、態度與價值觀。而這些都必須奠基在穩定、健康的人我關係上。如果缺乏社交與情緒管理，一個人書讀得再多，也可能做出傷天害理（像恐怖情人）的事來。在人手一機、人際關係日漸疏離的現代社會，社交與情緒技能更是重要。

智鑛長期陪伴很多有特殊需求的孩子，成為這些孩子與父母親成長路途上的夥伴。他這本新書記載他如何用同理心跟孩子建立信任，如何用對話引導孩子反思，進而改善人我關係，提升孩子的信心。除了分享個案外，他在每一個故事後面提出家長或老師可以進一步思考的題目，希望透過做中學，讓更多人能成為特殊需求的孩子的天使。

從二〇一七年起，我們以品格教育及個人化學習為教育理念，開始承接公辦民營學校，目前有三所國小、一所國中。我們的校訓是「努力學習，友善待人」。我們在每一個學校推動SEL，經過短短兩年，明顯地看到孩子因為情緒穩定，人際關係改善，學習動機提高，學業成績進步，與家庭的關係也改善很多。

我個人覺得，我們每一個人，在某一個時間點，因為學業、身體、情緒、人際關係等的挫折，都曾經是「特殊需求的孩子」。智鑛這本書可以幫我們修好社交與情緒管理這門課。

（本文作者為誠致教育基金會董事長）

推薦序

曲智鑛的情緒教養

吳思華

我是在二〇一七年參加GHF教育創新學人獎評審時認識曲智鑛的。透過專家委員的推薦，我有機會閱讀曲智鑛的資料，驚訝一個大男生願意在學業完成後就勇敢的成立了一個工作室，以自身微薄的力量用心陪伴許多有特殊傾向的孩子。決審時，曲智鑛的故事打動了來自全世界的決審委員，大家都希望這樣的故事能夠被更多人看見，也讓許多有類似處境的家庭與父母找到一個可能的出路。

這兩年來我透過更多的接觸，了解曲智鑛正在持續勇敢的實踐著他的教育理念。他利用工作室定期辦理各項短期的活動，讓孩子有機會暫時脫離現實的教育體制，順著自己的情緒自由發洩，也讓每天陪伴的家人能有一個喘息的空間。在這些無私的奉獻過程，曲智鑛讓許多原本有自閉傾向的孩子能夠順利的成長。更因生命的積極陪伴，這些孩子開始出現許多意想不到的創意。工作室的規模越來越大，幫助的孩子也越來越多。

曲智鑛進行的是一項教育創新的工作，這個教育實驗是在體制外的日常生活中進行。他引導學生進入一個不同的生活情境，善用隨機教學的機會，藉由體驗教學的模式協助這些孩子解決問題，形塑其社會情緒學習、社會技巧與成就品格的關鍵能力。這個教學模式不僅適用於有特殊性格取向的孩子，在少子化的社會中，其實也適用於每個家庭與孩子。對很多家長老師來說，情緒素養其實比學科知識更為陌生，因此，曲智鑛將多年來的教學實務經驗轉換撰寫成的「情緒素養」，就顯得更有意義與價值。

隨著時代的進展，世界各地的國民教育內涵都在調整中。因應知識的快速增長，新課綱希望幫助孩子在學習的過程中，除了掌握知識的系統脈絡，還要能有效的融入生活，並能持續不斷的學習。我們的新課綱以「自發、互動、共好」為核心理念，就是希望培養學生認識自我、理解他人、培養與社會（環境）互動的能力。這些能力有別於傳統的知識與專業技能，必須融入個人的信念、情意與態度；學習的場域不在教室老師，家長、同學、朋友才是主要學習的典範。因此，教與學兩方面都面臨新的挑戰，必須設計一套適當的方式，才能幫助孩子真正學習到「情意」與「態度」。

曲智鑛撰寫的《曲老師的情緒素養課》這本書，用孩子生活中的實例做為引子，輔以深入的理念分析，還有許多可以實作的練習，對於許多關心孩子情緒素養的現代父母親而言，都應該是一本值得細讀的參考好書。

（本文作者為前教育部長、政大科智所教授）

推薦序

令人讚嘆、驚豔和溫暖的情緒素養課

姜義村

多年來指導眾多的研究生中，我想能夠跟我「比拚」過動和忙碌的，大概也只有智鑛一人了吧！但我萬萬沒想到，智鑛居然還能夠擠出時間來寫這本書，除了「歎為觀止」（但心中OS：「難道我作業最近出太少？」），一時之間我還真的無法形容看完本書後，「**讚嘆**」、「**驚豔**」和「**溫暖**」三重奏般的感受！

如同當前所有教育學者的共識，我們都很清楚「素養是無法教的」！素養，是必須要靠著生活情境脈絡的滋養，才能慢慢培養出來的。而眾多素養中，情緒素養大概可以算是最難培養的前幾名，不論上了幾門心理學、腦科學、生理學、溝通學，大多時候可以累積對於情緒的「知識」，但不一定能夠轉化為讓人具有情緒素養的「智慧」。

就好比音樂素養，音樂人呂岱衛老師曾經問過臺灣的家長和孩子：「你到底是在學音樂？還是在學樂器？」不禁讓人反思，當家長一味強調孩子能夠流暢地操作樂器，參加比賽獲獎時，並不一定能夠代表著全方位的人格涵養培育，以及藝術文化品味的建構，因此所演奏出的曲子也經常是沒有靈魂的。由此可見素養多難培養！

因此，首先我想「**讚嘆**」智鏞書寫這主題的勇氣，當眾多人都還正在摸索素養到底如何培養時，他毅然「越級打怪」，找了個最難的主題挑戰，還順利挑戰成功！

智鏞是如何打怪成功呢？首先，本書切入的角度完全命中情緒素養養成的關鍵，在第一部「孩子的煩惱」中，智鏞分享了多年來實務工作中遇見孩子們的絕佳案例和他的處理方式，像是「陷入情緒風暴的孩子」、「生活被3C佔據的孩子」、「沒有朋友的孩子」……雖然這13堂課看起來像是13種類型孩子遇到的挑戰，但事實上極可能你我的孩子正同時面臨了好幾堂課的狀況！智鏞從簡單的對話開始帶出主題，接著描繪出孩子的煩惱核心，分享他處理的角度和方式，接著還貼心地提供讀者「練習題」。光是第一部的書寫設計，就是提供了一個可以讓家長與孩子們共同學習認識情緒的好環境，是培養情緒素養的絕佳內容。

本書第二部「生活即教育」中，智鏞將場域跳躍至生活情境脈絡，分享了多年來他在體驗教育教學與實踐中的經驗與心得，這一部就是令我「**驚豔**」的地方，因為他成功地將許多生硬的學術研究成果，轉化為簡單易讀的文字與讀者分享，可以說是非常成功的「科普教材」。最終第三部「陪伴者的修練」中，智鏞以一個「**溫暖**」的陪伴角度，提醒家長該如何支持及培養孩子們的情緒素養，裡頭有許多溫馨的小提醒，一一列出家長們最常忽略的關鍵小細節。

最後，當我讀到智鏞在書中提出「一直相信X-Men系列電影是有意識在探討人的獨特性」的看法後，也讓我想到X-Men系列有一段兩位變種人的對話：

Kurt Wagner (Nightcrawler)：「馬戲團以外的人都很怕我，但我不恨他們，我只同情他們。你知道為什麼嗎？因為大部分的人對他們肉眼看不到的世界一無所知。」

Ororo Munroe (Storm)：「我很早以前就不再同情他們了！」

Kurt Wagner (Nightcrawler)：「如此美麗的人不該這樣憤怒的。」

Ororo Munroe (Storm)：「有時候憤怒可以幫助我面對苦痛。」

Kurt Wagner (Nightcrawler)：「但其實信念也可以幫你面對苦痛！」

或許，憤怒、悲傷……等負向情緒對許多孩子們而言，可能是他們自認唯一的救贖或出口，那是因為他們根本不知道該怎麼辦。希冀能藉由本書，幫助你我透過親子共學培養情緒素養，建構高情商和好品格，讓孩子們能夠有更好的信念面對未知世界的挑戰，誠心推薦給大家。

（本文作者為國立臺灣師範大學特殊教育學系教授兼系主任）

推薦序

能實踐的情緒教養課

張輝誠

六年前，我剛認識智鑛時，他還是均一教育平台的專案教師，錄製許多數學線上教學影片，為翻轉臺灣教育而不斷奉獻一己之力。我後來才知道，他還有另一專長是特殊教育和心理輔導，他一路從大學鑽研到博士，他運用專業精心設計出各種營隊或親自入校、走進家庭，去幫助、陪伴、訓練特殊孩童，讓他們學會覺察自己、安頓自己、與人相處，學會融入社會的各種能力，做得有聲有色，屢屢獲得臺灣教育圈各種大獎肯定。

智鑛把多年來的經驗濃縮成書，我拜讀之後，感覺此書有三大特點。

一、**全書理論與實務兼具**。

智鑛有扎實的特教與心輔專業基礎，又結合豐富的實踐經驗，他在理論中規劃具體的實踐活動，又在實踐當中不斷回應理論，也就是說，他並非只是直觀的想當然爾去做這些，而是擁有客觀的學術理論支撐出綿密而深刻的縱深，於是，產生出動人的故事和過程，同時也瀰漫著理性的知識與方法。

二、詳述各種具體操作指南。

智鑛在每一章節之中，都有具體的提示與說明；更在每一章節之後，詳列具體的練習與操作方法，讓讀者（特別是家長）在讀完之後，就能依照具體方法、步驟、原則和細節，實際嘗試、付諸實踐。我認為書中這些方法都是具體可行，一步一步實踐，必定可以逐步改變親子關係。

三、看似特殊卻普遍。

此書所舉之實例，對象雖多為特殊孩童，但其表現出的狀態，如情緒覺察、自我管理、人際溝通等等，放在一般小孩來看，其實同樣具有普遍性，太多小孩（其實大人也是）需要學會這樣的覺察、培養和訓練。也因此，這本書就不會只是特殊教育的書，而是適用於大多數孩子以及大人的書。

（本文作者為學思達創始人）

推薦序

這很重要，但我們從沒好好地教孩子

葉丙成

人是情緒的動物，我們的一舉一動，往往是被我們的情緒影響。很多時候人之所以會出現脫序的行為，都是因為無法駕馭自己的情緒。一旦情緒凌駕於理性，人也因此就出狀況了。因此學會了解情緒、面對情緒、處理情緒，是人生非常重要的課題！

但這件事情，許多爸媽、老師很少教孩子；或者更精確地說，即使知道重要，也不知道怎麼教。大人們往往很關注孩子的學科成績，很在乎他有沒有好好念書。當孩子的學習出問題，爸媽只會罵、或是一直碎唸孩子。但這根本沒用，甚至還讓問題加重；因為大人們不知道，很多時候孩子的學習出問題，都是因為情緒出狀況。如果沒有從根本上去處理情緒，問題不會被解決！

五年前我創辦了無界塾實驗教育機構，很感謝智鑛加入我們成為夥伴，承擔起帶領老師們輔導孩子的工作。這些年來我們觀察到很多孩子的問題，都是源自於情緒。特別是青春期的孩子，情緒的變動更是巨大！當孩子出現了他無法控制的情緒，就很容易在學習及各種面向出狀況。這些年每當遇到有狀況的孩子，智鑛跟老師們總是先幫助孩子去梳理並處理自己的情緒，同時也讓爸媽了解孩子情緒的起源，進而一起幫助孩子。當情緒被處理了，原本狂暴、不可理喻的孩子，也就會逐漸回復正軌。

但好的情緒素養教育，不是在孩子發生狀況的時候才處理情緒，這充其量只是在做危機處理！更好的教育是，我們平常就要教孩子了解為什麼會有情緒、怎麼處理自己的情緒。在教會了孩子之後，一旦孩子出現了情緒，他自己就知道怎麼面對。這也是為什麼在無界塾，我們的老師們開始在小學高年級的時候為孩子設計了情緒素養工作坊，希望讓孩子們在進入青春期之前便了解如何駕馭自己的情緒。

情緒素養的教育，是如此重要！但在臺灣很多爸媽跟老師並沒有教孩子，因為他們也不知道該怎麼教。當我知道智鑛寫了這本書，我個人認為這真是一大福音。在這本書當中，智鑛以他這麼多年來所輔導許多的實際案例，來讓大家看到面對各種不同情緒下的孩子，我們該怎麼跟他們對話、引導他們，讓他們走出情緒的風暴。能有這樣的書問世，真是彌足珍貴。

情緒這回事，是如此重要，但臺灣社會從沒好好地教孩子。讀完這本書，爸媽跟老師們便可以非常清楚地了解情緒素養教育怎麼做。同時也可以在許多的案例中，看到跟自己孩子類似的狀況，進而知道如何去做處理。我鄭重推薦這一本書，給每一位關心孩子的爸媽跟老師。讀完這本書，未來在面對孩子的情緒時，你將不再束手無策！

（本文作者為實驗教育無界塾、線上學習平台PaGamO創辦人）

目錄

第一部　孩子的煩惱

缺乏自信、缺乏自制力、不會管理時間、擔心交不到朋友、網路社群、兩性關係……等孩子成長過程中可能碰到的問題，因應關鍵在於「刻意練習」養成高情商！

第二部 生活即教育

教育即生活，生活即教育。從日常生活或活動營隊中培養孩子的品格力，分享實際案例與具體可以執行的方法（自然情境教學、隨機教學、體驗學習）。

第三部 陪伴者的修練

跟孩子一起成長，陪伴者也需要修練，源於管理學的7個習慣與10大教養原則，讓陪伴者教養路上更輕鬆！

每個父母應該是最了解自己孩子的人，要練習回到自己孩子身上找答案。236

附錄

家長的FAQ

參考資料

前言

從生活中養成影響孩子一輩子的關鍵能力

我是傳統師範院校培育出來的合格教師，但從師範大學碩士班畢業後，就成立了自己的工作室，希望透過有別於學校體制的模式，協助特殊教育需求的孩子成長。從事教育工作的初期，我也習慣於在教室內進行教學。或許是因為我的工作時間與一般教師不同，讓我有機會和孩子們生活在一起，下了課和他們一起吃飯，星期五晚上甚至有一群孩子跟我住在一起，星期六早晨和我一起吃早餐。我們一起讀書、一起學習、一起運動、一起聊天打屁，只要是與孩子有關的重要活動，我都會盡可能地出席，像校慶、運動會、畢業典禮……。

雖然我沒有自己的孩子，但許多孩子這些年與我建立了深厚的情感連結，有的在我創造的學習環境中一待就是十幾年，小學、國中、高中、大學都是在我的陪伴中度過。他們遇到問題時，願意主動來尋求我的意見，面對與家人溝通上的困難，也會期待透過我的協助創造雙贏的結局，也因此我嘗試扮演孩子與他人溝通的橋梁，同時訓練孩子自己具備搭橋的能力。

◆ 要改變一個孩子，單打獨鬥是行不通的

我和孩子相處時間比一般老師多，也更能夠理解孩子的不同面向。寒暑假的時候我會舉辦營隊活動帶孩子外宿進行訓練，這十多年來，我們的活動挑戰度越來越高。我相信生態系統理論（Ecological Systems Theory）[1]，從孩子自身到其重要他人，所有與他相關的環境，我都盡可能地去接觸與理解。

孩子身處的環境，孩子的重要他人，都是我需要努力的。特殊教育與心理輔導的專業讓我這些年有機會深入個案家庭，與孩子及其父母有更緊密的生命連結，也讓我對孩子的困難與父母的挑戰有更深刻的理解，開啟我對於教育模式的不同思考。

---

[1] 由美國心理學家尤里・布朗芬布倫納（Urie Bronfenbrenner）提出，其重點在於兒童及青少年的成長發展受到生物因素及環境因素交互影響。在輔導孩子過程中，除關注孩子本身之外，也要系統地檢視其身處的環境。

我不是要否定傳統教學訓練模式的價值，但我更偏好真實生活環境的訓練，善用隨機教學的機會，藉由體驗教育的模式協助孩子解決問題，形塑其成就品格與社會情緒的學習更讓我著迷。這個教學模式是我十多年來經驗、反思與修正的成果，也是孩子賦予我最珍貴的寶藏。

◆孩子習慣的養成，與生活環境密切相關

有的孩子成天與手機為伍，在家裡不主動說話，爸爸媽媽不理解，為什麼自己的關心會換來孩子情緒性的咆哮；有的孩子缺乏時間觀念，作業總是寫不完，生活中大大小小的事情都需要爸爸媽媽提醒；而我因為常帶孩子去旅行，和他們生活在一起，發現有不少孩子缺乏自理能力，東西保管不好，衛生習慣也有許多需要加強的。

還有一些孩子遇到問題會習慣性的求助，或需要很明確的指引才「敢」行動；擔心自己出錯，希望老師能告訴他標準答案，這樣的孩子也不在少數。有的孩子在團體中不敢表達意見，或是沒有想法，無法與其他同學合作，容易和別人起衝突，只能單

打獨鬥。甚至在我過去接觸個案中，也曾遇過孩子缺乏調節情緒與壓力的能力，選擇用逃避來面對問題。

當我們面對最親近的人時，往往容易表現出最真實的一面，也有孩子擅長「情緒勒索」自己的母親，媽媽只是要求他早上起來去刷牙洗臉，就無理取鬧，但與外人相處時卻能行禮如儀。或許有人說這樣的孩子聰明，知道面對不同的人可以有不同的表現，換個角度想，孩子又是在怎麼樣的情境中「養成」這樣與父母互動的「習慣」？

我認為孩子習慣的養成與其生活環境密切相關，爸爸媽媽在這個過程中扮演關鍵性的角色。

◆教養沒有標準答案，但它是一門專業

爸爸媽媽應該至少學習如何扮演好家長的角色。然而，從過往互動的經驗，我發現家長多半是有心無力。「天下無不是的父母」這句話是不對的。不可否認，很多人的確不知道該怎麼當爸爸媽媽，不知道孩子需要的是什麼，該怎麼樣與孩子說話，以及

如何堅持重要的原則。

在協助解決孩子與家長的問題及困擾時，我發現到，**影響孩子一輩子的關鍵能力在於社會情緒學習、社會技巧與成就品格**。這些概念，近年來在教育領域蔚為顯學，有許多教育組織致力於這些能力的培養，甚至以此為核心理念。另外，也出現許多相關的暢銷書籍，像是《孩子如何成功》（*How Children Succeed*）、《幫助每一個孩子成功》（*Helping Children Succeed*）、《恆毅力》（*Grit: The Power of Passion and Perseverance*）、《成長性思維學習指南》（*The Growth Mindset Coach*）……等。

家庭是孩子學習的第一個重要場域，父母通常是陪伴孩子最久的人，往往影響也最深。孩子會不自覺地複製爸爸媽媽的情緒表達方式，以及與他人互動的模式，甚至是面對困難與挫折時的態度。這些不需要刻意去教，只要孩子在家長身邊，他們就會自動吸收，複製與再製。面對這樣的情形，很多家長卻不自知，也缺乏覺察能力，無形中傳遞許多似是而非的教養觀念，一代接著一代。

在台灣，108課綱本著「全人教育」的精神，以「自發」、「互動」及「共好」為理念，強調學生是自發主動的學習者，教育應協助學生認識自我、理解他人、培養與

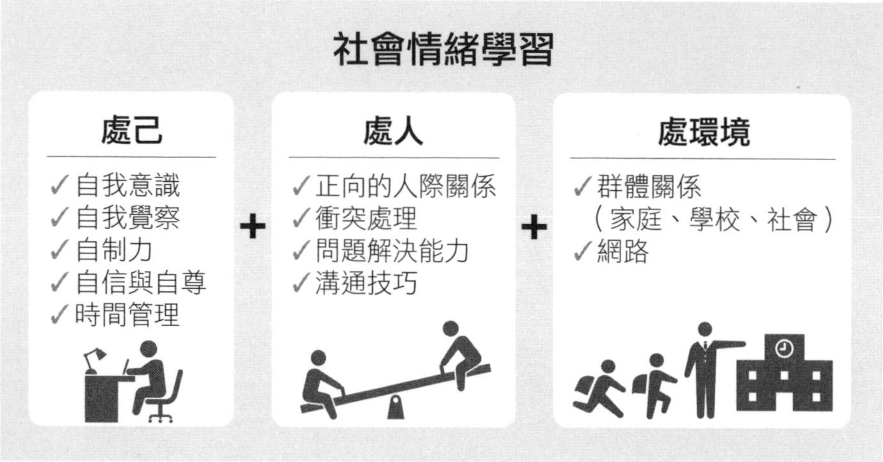

社會（環境）互動的能力，而依此理念訂定的四項總體課程目標（啟發生命潛能、陶養生活知能、促進生涯發展、涵養公民責任），皆可透過社會情緒學習（Social emotional learning，亦有稱為社交與情緒學習[Social and Emotonal Learning]者）的訓練達成。

新課綱中點出了社會技巧對個體的重要性，而社會情緒學習所談的面向，從專注自我、關懷他人到解決問題的能力，完全呼應社會技巧的「處己」、「處人」與「處環境」三個面向，且都與成就品格脫離不了關係。期待這本書的付梓，可以帶給家長們方向、提醒及實際的操作方法，讓孩子在生活中提升正向的社會情緒學習，具備足夠的社會技巧，同時涵養其品格力與高情商。

開始之前

我和孩子與「自發、互動、共好（自動好）」的距離

從我（Me）、你（You）到我們（Us），從我好（自我意識、自主管理），你也好（社會認知、關係技巧），到我們都好（負責任的決策），這是從個人的成功邁向公眾的成功，是從依賴、獨立走向互賴的歷程，也是管理學大師史蒂芬・柯維（Stephen R. Covey）所提「7個習慣」[2]與社會情緒學習的連結。

自私是人類的天性，聰明的自私有機會創造永續；奉獻不代表就是全然的犧牲，捨得之間其實存在著重要的關聯性。梳理好想法、情緒與感受，學習自處，發掘自己

---

[2] 柯維所提出的「7個習慣」分別是：主動積極、以終為始、要事第一、雙贏思維、知彼解己、統合綜效、不斷更新。詳細可參考《與成功有約》（*The 7 Habits of Highly Effective People*）一書。

生命的價值與意義，這些都是「自我覺察」的學習。接受自己的不完美會讓自己變得更有力量！

我常鼓勵爸爸媽媽在要求孩子前，自己也要努力嘗試。換句話說，大人想要訓練孩子社會情緒學習的能力，需要自己先練習。初學的爸爸媽媽可以試著問問自己下面幾個問題，幫助檢視個人社會情緒的學習：

□我了解孩子什麼樣的反應會影響我的情緒嗎？（自我意識）
□我清楚知道自己的背景、文化與信念影響自己與孩子互動的模式嗎？（自我意識）
□我會透過身教讓孩子在相處中學習理解與控制自己的情緒嗎？（自主管理）
□我會努力去理解孩子參與或不參與日常活動的原因嗎？（社會認知）
□我會清楚的和孩子溝通我對他們行為與學習的期待嗎？這些期待根植於孩子個別的需求與優勢能力嗎？（關係／社會技巧）
□在生活中，我會協助孩子形塑和培養他的社會情緒技巧嗎？（關係／社會技巧）
□在生活中，我會努力覺察並平衡孩子在情緒與學習上的需求嗎？（負責任的決策）

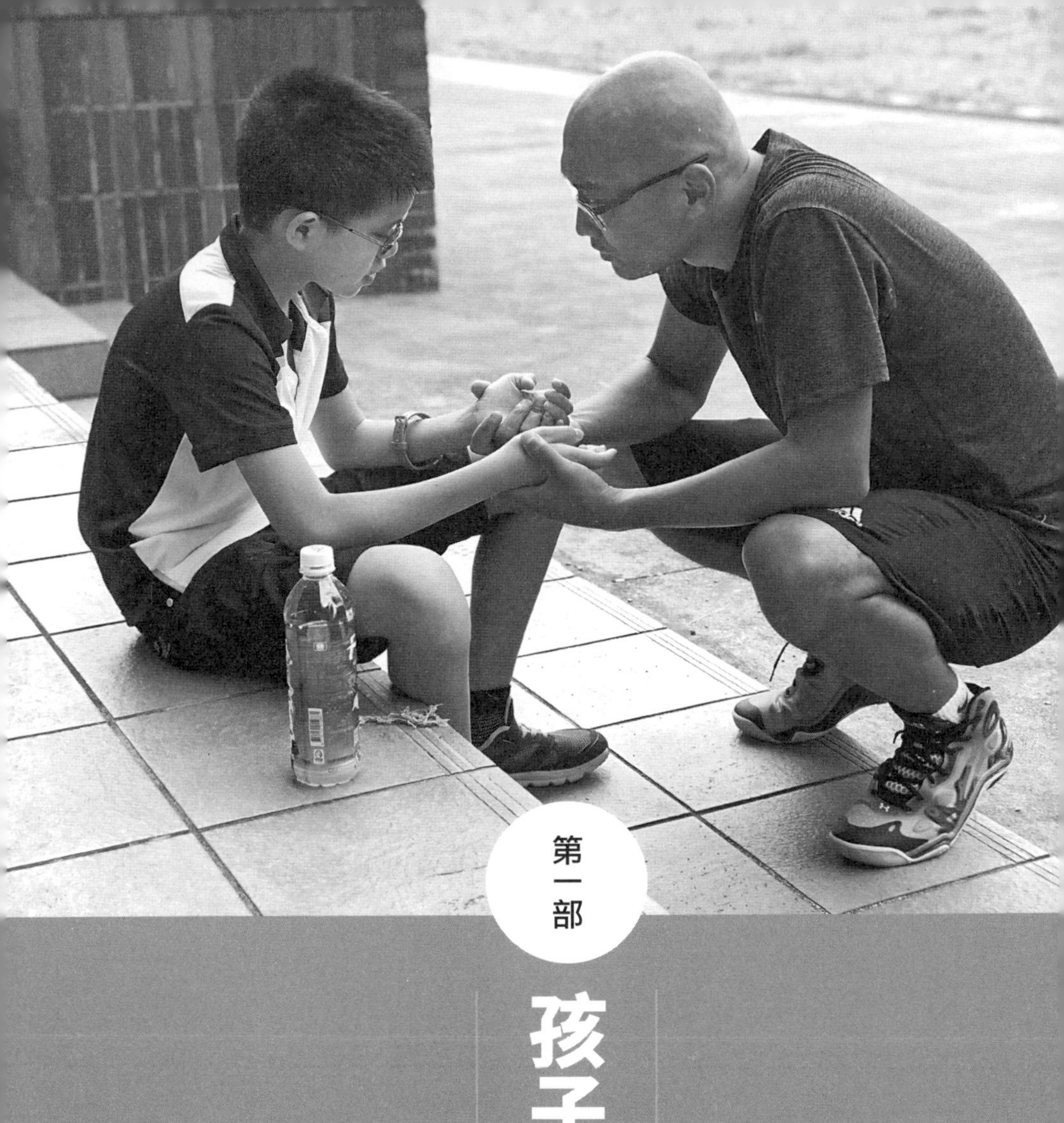

第一部

孩子的煩惱

孩子用自己的生命經驗讓我理解許多事。

和孩子在一起時，他們會願意主動把自己的困難說出來，即使「畢了業」的孩子也會主動與我聯絡，希望能來找我聊一聊。許多的孩子來工作室學習後，在學校表現產生正向的改變，讓爸爸媽媽對於我施的「魔法」感到很好奇。

其實我跟大家一樣，對這群孩子有要求，期待他們變得更好。但在「教」他們之前，我會先花時間和孩子「建立關係」，讓孩子覺得跟我在一起是安全的，自己屬於我們團隊的一分子。

這些年我跟孩子一起玩、一起混，他們做什麼，我就跟著他們做什麼，讓他們在工作室找到歸屬感，認識自己的特質與現階段能力的水平，同時創造機會讓他們去幫助其他孩子。我會清楚讓他們知道我的期待是什麼；遇到問題時，我會跟他們分享自己會如何思考與行動，也會尊重他們自己的選擇。我希望創造一個穩定的學習環境，讓孩子在這裡找到自己，練習關懷工作室的夥伴，共同面對問題、解決問題。

每個人成長過程中都有可能遇到困難，心裡難免煩惱，孩子願意告訴我，不是因為我是他的老師，而是他認為我是一個可以信任的大人。不管是在面對學習問題、交友問題，或是處理情緒及因應壓力，與爸媽、師長的關係緊張，面臨生涯的選擇時，孩子都需要一個可靠的「軍師」，這些年我努力扮演好這樣可靠的角色，我能感受到孩子的信任與託付，而這也是我對自己的期許，在陪伴孩子的過程有機會反芻自己的成長與教學經驗，持續深化與內化。

整理過去與孩子的互動與對話，會發現孩子成長過程中面對的問題，可以用社會情緒學習與社會技巧所談的三個面向：認識自我（處己）、理解他人（處人），以及面對真實世界的問題（處環境）來進行分類。社會情緒學習是丹尼爾．高曼（Daniel Goleman）和彼得．聖吉（Peter Senge）在《未來教育新焦點》（*The Triple Focus: A New Approach to Education*）這本書提出的基本概念，當中最核心三個面向包含專注自我、關懷他人與理解世界的能力。最常被引用的社會情緒學習框架是由「學術、社會及情緒學習協會」（The Collaborative for Academic, Social, and Emotional Learning，簡稱CASEL）這個組織開發的，而CASEL提出的五個社會情緒學習能力分別是：

❶自我意識（Self-Awareness）

反思自己的感受，價值觀和行為的能力。

❷社會認知（Social Awareness）

以多元視角審視情境，尊重他人的社會和文化規範，與賞識多樣性的能力。

❸關係技巧（Relationship/Social Skills）

發起並維持與他人積極聯繫的能力。

❹自主管理（Self-Management/Emotional Regulation）

包括自我激勵、目標設定、自律、衝動控制，以及應對壓力的策略。

❺負責任的決策（Responsible Decision Making）

做出選擇的能力，考慮自己和他人的福祉。

我們可以透過社會情緒學習所強調這五種能力來思考孩子面對的問題，像是愛和他人比較、陷入情緒風暴、承受壓力後拒學、不堪挫折與失敗、不斷尋找自我、學習動機低落、過度焦慮、自我控制能力差而不容易專注，都與自我意識及自主管理有關；有交友方面的困難、處理一段關係的結束、真實的生存能力等，則跟社會認知及關係技巧相關。接下來，我嘗試將過去真實的輔導案例與社會情緒學習的核心概念結合，讓爸爸媽媽們在閱讀時能更清楚掌握社會情緒學習的內涵，也能實際應用在日常生活中，穩定且有目標的陪伴孩子成長。

Lesson 1

自我意識

愛比較的孩子

「我的成績就是爛，都跟不上同學……」

「我的人緣都沒有同學好，大家都不愛找我組隊……」

「我的運動神經就是不行，都比不上朋友……」

小黑總是覺得同學成績比自己高，籃球打得比自己好，比自己有人緣，朋友也比自己多……，經常因為這樣的比較心理，而讓自己陷入焦慮，變得不快樂。

有一次我帶小黑去爬山，沿路他不斷被其他登山客超越，旁邊的我能感覺到他的情緒越來越低落，後來他索性放棄，坐在階梯上不走了。他告訴我：「我好差，所有人都爬得比我快。」

引導孩子思考價值的多元性，避免陷入過度競爭的狀態，
讓孩子相信世界很大，每個人都有屬於自己的位置。
我們需要做的，就是找到自己的位置。

◆把握當下情境，審視孩子內心的小劇場

像這樣容易去跟別人比較的孩子，在爬山時又陷入與他人比較的心理，我們可以把握當下的情境，藉機審視他內心的小劇場。這是自然情境教學法當中隨機教學的概念，**一旦我們清楚孩子的核心問題後，就可以創造具體經驗，藉此引導孩子反思自身問題。**

當孩子準備放棄時，我嘗試讓這樣的「經驗」連結到他的日常生活中。

我和他說：「你覺得自己差，是比較來的。如果今天你一個人爬山，還會覺得自己差嗎？就像在生活中一樣，你有沒有發現，你的不快樂常常是比較來的？我們只是來享受爬山，不是來競賽的。練習感受自己的呼吸，看看周圍風景，剛剛那不舒服的感覺自然會消失。」

接著我會問孩子：「你覺得今天這樣不舒服的感覺，和平時與同學比較所產生的不快樂一樣嗎？」

再來，我會和孩子討論「比較」，讓他理解有這樣的心理狀態是自然的。與他人

比較是認識自我的一種方式，但比較也常讓孩子產生自卑感。

比較是人類的天性，也是進步的原始動力之一。能力處在相對領先位置的孩子，有可能透過比較，建立自信、價值，甚至優越感；相對弱勢的孩子，可能因比較而產生挫折、負向的自我概念。因此，要引導孩子思考價值的多元性，避免陷入過度競爭的狀態，讓孩子相信世界很大，每個人都有屬於自己的位置。而我們需要做的，就是找到自己的位置。

◆有技巧地培養孩子的自我意識

首先，透過經歷真實情境後的反思，讓孩子理解什麼是無意義的比較，別人表現得好，不代表自己就比較差，同時練習讚賞他人。舉例來說，打籃球時，教孩子觀察不同夥伴的優勢，有人擅長傳球，有人努力防守，有的人拚命得分，籃球是團隊的運動，即使大家的優勢不同，但都可以為團隊創造貢獻。以下是引導孩子培養自我意識的三個重點：

路。

❶無須過度比較，包含面對自己

雖說比較是認識自我的一種方式，但比較是沒完沒了的，這是一條沒有盡頭的路。這樣的狀態是耗能的，也容易產生許多不安的情緒，像是躁動與焦慮。這個比較的對象包含自己，自我要求過高，過度完美主義的孩子也可能讓自己長期處於效能較差的狀態。要讓孩子理解過度比較是無意義的，反而使自己耗損更多能量。

❷理解「別人好，不代表你就比較差」

當孩子看到別人表現好或被稱讚時，心裡會有什麼感覺？我們要讓他們理解「別人表現好，並不代表我們表現得比較差」，好和差是一個相對值，它是一種光譜的概念，在任何時空都存在著這樣的現象。別人贏，不代表我們就一定要輸，自我意識的培養不是零和遊戲。孩子學會試著看見別人的好，內心其實更容易滿足與快樂。

❸擁抱多元價值，練習看見自己的優勢

引導孩子認知價值的多元性，世界是無限寬廣的。當孩子對於「好」或「成功」的概念褊狹，就容易被比較的心理綁架。在孩子成長的過程中，引導他們發掘天賦，看見優勢，學習創造自己的價值。

‧練習題‧

練習記錄自己，練習檢視自己

■撰寫「自己使用說明書」

清楚地把自己的使用說明記錄下來（由家長或老師協助孩子）：

我喜歡＿＿＿＿＿＿＿＿。

我不喜歡＿＿＿＿＿＿＿＿。

我＿＿＿＿＿＿＿＿會感到高興。

我＿＿＿＿＿＿＿＿會生氣。

寫這份使用說明書可以讓孩子練習認識自我，也可以用來當作與他人互動時的工具，讓別人理解自己，有助於彼此關係的建立與維持。

■一週好棒棒回顧

請孩子寫下自己這一週做得很棒的三件事，找一個人和他分享，然後寫下鼓勵與讚美自己的三句話。

Lesson 2

自主管理

陷入情緒風暴的孩子

「爸爸媽媽煩死了，為什麼要限制我的網路！」

「弟弟怎麼那麼煩，看到他就一肚子火！真想他消失在這個世界上！」

「我再也不要算數學了！這是什麼爛題目……我要殺掉數學老師！」

阿宏的數學算不出來，在學校課堂上大發雷霆，嘴裡不斷碎唸著要殺掉老師，同時想要把筆電從教室扔出去。

我能感受到他當下已控制不住自己的情緒，需要出口，需要發洩。這樣的情緒風暴在青春期孩子身上很常上演，不管是面對爸媽嘮叨後的口出惡言，師長管教時的壞口氣，或是跟同學衝突時飆罵三字經，我相信這樣的場景對許多人來說並不陌生。

協助孩子面對自己的情緒風暴時，
大人要記得保持幽默感，因為幽默感會啟動自己的創造力，
有機會幫助自己機智的協助孩子轉移注意力。

◆大人怎麼「聽」，決定孩子願意怎麼說

面對情緒爆炸的孩子，我會先盡量讓自己情緒保持穩定，盡可能的傾聽這個孩子說話。而在聽阿宏講了一堆殺人方法後，我只是和他分析這些做法可能帶來的後果，他提出的策略也都被我一一破解。

互動中，他自暴自棄的說：「我應該從這個世界上消失，這樣就不會帶給別人困擾了！我應該被學校退學，就不會讓老師麻煩了！」

我跟他說：「我從來沒有覺得你帶給我困擾或麻煩，我能理解你數學算不出來時的憤怒，因為我也遇過一樣的問題，那真的讓人很不爽！但我不會把筆電丟出去，因為我知道等我氣消後一定會後悔。」

後來阿宏沒有扔筆電，只丟了一張紙下樓。他也沒有把老師殺掉，而是選擇陪我到走廊上用灑水器（假裝是毒氣）噴灑植物發洩。

協助孩子面對自己的情緒風暴時，大人一定要記得保持幽默感，因為幽默感會啟動自己的創造力，有機會幫助自己機智的協助孩子轉移注意力。

透過體驗教育的脈絡思考，生氣對孩子來說也是重要的體驗。為引導阿宏反思自己生氣時的情境，我接著跟他說：「說要把老師殺掉，別人聽到一定會害怕，覺得你很失控。請答應我，當你很生氣，需要發洩時，請離開現場。這些情緒性的語言，請不要對別人說，不然你會讓自己惹出更多的麻煩。」

當我們取得孩子的信任，就可以透過與他們做約定，協助孩子未來更有意識地練習自我管理。

◆提升孩子情緒管理的重要練習

有技巧的引導孩子反思，有意識的創造情境，讓孩子練習承擔後果，這些都是提升孩子情緒管理的重要練習。接下來三段實際的情境對話，對象都是具有衝動特質的孩子，有常常放話要把別人打爆的孩子，不想被迫去上學的孩子，以及面臨孩子情緒問題的安親班主管。爸爸媽媽們可以藉由這三段對話，反思自己過去是如何面對孩子的情緒風暴？同時思考如果再發生，自己可以怎麼樣提升孩子的情緒管理能力。

對話❶ 嘗試引導孩子進行反思

在澳洲念書的浩浩常跟別人起衝突，這樣衝動的特質過去讓他惹了不少麻煩，除了容易受到他人言語刺激外，也常會誤判情境，甚至選擇用比較激烈的方式表達自己的情緒。有一次，浩浩跟我說他想要把班上兩個同學爆揍一頓，因為他們對他非常不友善！

我說：「我覺得這是你一貫處理問題的模式，有人讓你不開心，你就想要用暴力解決，過去我已經看過好幾次了，不意外。」

浩浩：「我可以一次揍兩個，他們兩個我有把握一次打贏。」

我說：「我相信你可以一次打贏兩個，因為我親眼見證過你把人打爆。」

浩浩：「我想他們打輸了，應該不好意思去告狀吧！畢竟是他們先挑起戰爭的。」

我說：「他們不用去告狀啊！有明顯外傷，老師、家長就會問了，當然你可以說他們挑釁你，但依據我過去的經驗，你還是會需要面對後果，有可能被學校退學，有可能面對法律制裁。」

浩浩：「打人關不了多久的！大不了去坐牢。」

我說：「是啊！但如果我是你，我會覺得更不爽！為什麼挑釁我的人沒事，我卻要坐牢。如果我是挑釁你的人，感覺超爽，心裡一定會開心到要死。那個笨蛋，講兩句就爆了，有夠蠢！」

浩浩：「這……」

我說：「你很聰明，一定明白我在說什麼，對吧？」

浩浩：「是！但我就是很氣！」

我說：「對，我知道你很氣，要是我也會很氣的。但我不會那麼容易中計啊！如果我遭受這樣的對待，我一定會反擊，但反擊不一定動手打他，因為他也沒有打我，我可以跟老師報告。」

浩浩：「我已經跟老師說了！老師要我無視他們……」

我說：「我覺得以你現在的憤怒，要無視是很困難的，如果再發生，我建議你報告老師後，回家請媽媽幫忙正式對學校提出抗議，我想他們兩個這樣的行為，學校也是無法接受的。我相信你媽媽不會放任別人家的孩子欺負你的！再不行，我買一張機票飛去！」

建立關係是帶來改變的第一步，孩子願意聽大人的話，
並不是因為身分，而是覺得你值得信任。

浩浩：「好！」

我說：「另外，老師要分享這些年對你的觀察，有兩點：第一、你的注意力太常放在別人身上，這會讓你分心，沒有辦法把自己該做的事做好。我覺得如果你把重心放在自己有興趣的事物上，讓自己變得很厲害，未來就不用擔心別人不理你。你看看你爸那麼專業，要找到他的人多不多？他需要去找朋友嗎？找他的人都要排隊了。

「第二、我覺得你說話的方式要調整，每當你遇到衝突的情境或是有情緒時，你通常都會說要把對方打爆！老師覺得如果你說習慣了，當事情發生時，你會反射性地去攻擊，因為這是平常你內心演練的模式，簡單來說有點半自動化。上次我親眼看到你打人後，想了很久，直到最近才想得比較清楚，所以我們要一起練習改變自己說話方式，未來遇到這樣的情境，要思考我們怎麼樣以智取人，而不是以力服人。」

對話❷ 塑造情境，協助孩子處理情緒行為問題，讓孩子練習承擔後果

阿民最近常在安親班動手打人，老師們覺得很困擾，不知道該如何處理，不斷的提醒家長要帶去看心理師，讓孩子接受輔導。

我和這個安親班主管通話，討論並釐清阿民動手打人的狀況：「他通常是在什麼樣的情境下動手？有什麼規律嗎？有沒有針對性呢？」總結我得到的訊息，阿民打人的行為是有針對性的，通常衝突都發生在同一對象。因此我請安親班協助，短期內盡可能避免兩人接觸。但安親班主管表示因空間關係，不太可能讓他們都不接觸到。

我說：「這麼做是為了避免阿民在衝動的情況下動手，同時也可以降低彼此衝突的可能性。但這只是短期，如果想先降低他打人的頻率，這是可以做的。老師需要下意識的避免兩人接觸，我相信是能做到的。當然，還需要花時間個別了解他們之間的恩怨情仇，進行個別和兩人間的輔導工作。」

主管：「將他們兩個隔離不就是標籤化這個孩子嗎？孩子現在很敏感，很不喜歡讓別人感覺他和別人不一樣！」

我說：「他的行為已經讓自己被別人標籤化了，你在做的只是希望幫他度過這個危機，避免讓他的人際關係惡化。」

主管：「我們的處理方式就是希望他能先暫時到教室外面冷靜一會兒，然後趕快把功課寫完，但他不願意配合，也不願意寫作業，我只好請家長帶他回家去寫。」

我說：「要是我就會尋求家長的合作，讓孩子知道他在我的地盤犯錯，在合理的範圍內，他需要配合這裡的規定。即使他在那邊浪費時間，我也不會讓家長帶回去。或許這也可能是他自我沉澱很好的時間。」

主管：「那他之後再打人怎麼辦？」

我說：「我會先告知孩子這件事的嚴重性，同時讓他知道，我會請雙方家長一起討論這個問題！」

主管：「這麼嚴重？我都沒有告訴對方父母親，也擔心孩子壓力太大。」

我說：「我覺得需要告知。對孩子來說，他需要練習為自己的行為負責，這樣的壓力是我們可以調控的。不過這樣做的前提，是你跟家長有一定程度的信任關係。」

對話❸ 拆炸彈：透過對話疏導孩子即將引爆的情緒

晚上約莫十一點，我在電話的那一頭，接起了媽媽求助的電話。因為小安跟媽媽說：「我朋友都可以不去學校上課，我也不想去！妳不要逼我去學校好不好？」媽媽請我勸勸他。

電話那頭傳來帶著情緒的喘氣聲，小安還沒開口，我先搶著說：「感覺得到你很生氣！」

小安帶著些許的憤怒說：「對！我媽媽都強迫我去上課。」

我說：「其實我不是來勸你去學校上課的。如果你真的狀況不好，我相信媽媽也不會『逼』你去學校。」

小安說（聲音聽起來已稍微冷靜）：「是啊！可是那個『誰誰誰』也都不一定會去啊！他的媽媽也不會逼他。」

我說：「其實每個人的狀況都不太一樣，這有點難比較。而且我覺得如果你把他當朋友，你就不應該害他。你想想看，你跟媽媽說你朋友都不去學校上課，所以你也不去，這樣合理嗎？這樣你還算他朋友嗎？」

小安這時候已經比接起電話時冷靜許多。我接著說：「你今天就算不去上課，也不應該『利用』你的『朋友』。你可以好好跟媽媽討論你現在的狀況，而不是她不幫你請假就發脾氣。因為你的理由真的沒有說服力！坦白說，上課是你自己的事情，我相信媽媽只是希望協助你，以我和你跟媽媽認識的時間，這是我真實的感覺。」

・練習題・

引導孩子反思六步驟

爸爸媽媽或老師在引導孩子反思時，可根據以下六個步驟來進行（主要是父母先自我省察，接著是同理孩子）：

❶問問自己，孩子有情緒時，我有什麼感覺？

□我覺得他又在對我生氣了

□我覺得生氣

□我覺得沮喪

□我覺得很無助

□我覺得擔心

❷問問自己，孩子有情緒時，我有什麼想法？

□我想知道發生了什麼事

□我不想待在這樣的生活氣氛下

□我不知道我該怎樣才能讓他不生氣

□如果他一直這樣下去會不會跟別人起衝突

□別人會包容他嗎？

❸問問自己，孩子有情緒時，我會跟他說什麼？

□你怎麼了？

□你在生氣嗎？

□你可不可以跟我說你為什麼生氣？

□生氣也不能解決事情，要不要先做別的事緩和一下再回來

□可不可以不要一直對我生氣？你以為只有你會生氣嗎？

□我不想跟你兇，所以你也不要把氣出在我身上（我自己也生氣了）

□如果他有說出生氣的原因，我就會針對原因跟他聊一聊

□有時候我什麼都不說，只是切了一些水果給他吃……

❹想一想，為什麼我會這樣說？是什麼影響我？

□我關心他

□我希望自己能幫助他

□我希望我能扮演好媽媽（爸爸、老師）的角色

□我希望能有一個平和的生活空間

□我感覺自己的付出被無視了，因為我的包容變成可以欺壓的對象

□我感覺他只是需要發洩一下……

❺結果發生了什麼事？

□他會跟我說一說他的感受跟事情的原委

□他會哭泣，我會給他安慰、擁抱，然後幫助他完成一些事

□有時候他不想說，然後跑去躲起來（敲打牆壁或是摔東西）

□如果我也生氣的話，他的怒氣會下降，然後過一會兒他會來要求和好

❻下一次我會採取什麼策略？

□希望我能先認同他，必須接受每個人生氣的點都不同，我必須放寬這個標準

□真正的接納他

□我希望我能想出更多的方法轉移他的注意力

□引導他觀察自己的情緒，並且縮短生氣的時間

好的情緒管理能力從認識自己開始

沒有孩子願意自己變得暴走、憂鬱或是動不動就攻擊他人……

情緒是每個人隨時都在經歷的課題，在成長過程讓孩子從生活中練習辨識與控制自己的情緒，我們要相信，沒有人想要成為綠巨人浩克，也沒有人會想要讓自己難堪。

陷入情緒風暴的孩子需要從經驗中學習，培養自己的控制力要從練習覺察自我的情緒開始，當我們已經具備覺察的能力時，我們就比較有機會在情緒爆發前踩煞車。

陪伴孩子面對情緒，我們要有智慧去分辨「不能」與「不想」的差異，要相信每個人都有機會改變。

父母越害怕面對孩子的情緒，孩子的心就會離你越遠，因為當你害怕他生氣，相處就會變得小心翼翼，這是不自然的，有時候可能不知不覺就會被孩子的情緒操控。

孩子知道自己的錯誤，但他們還需要時間練習控制，大人的等待與陪伴是孩子提升自控力的動力。爸爸媽媽要常練習說：「孩子，我相信你可以的，這一點都不麻煩。」

多年來的輔導經驗也讓我明白，許多孩子的憂鬱、暴走、衝動，甚至因情緒引發的攻擊行為，很多時候屬於「防衛機制」，代表孩子的內心在吶喊：

「不要逼我。」

「不要壓迫我。」

「練習尊重我。」

「給我空間。」

「給我機會。」

——★——

要有好的情緒管理能力，首先要先認識自己，知道自己怎麼樣的狀況會生氣，什麼樣的刺激會影響自己情緒的波動。社會情緒學習當中的「自我意識」，強調每個人都應該花時間認識自己，而當孩子對自己有清楚的理解後，才可能有健康的自主管理能力。

有情緒是正常的，情緒需要出口，陷入情緒風暴的孩子，可能是不理解自己的情緒來源，不知道自己為什麼會生氣，甚至認為有情緒是不好的，不被大人接受的，因而選擇壓抑、逃避，或抗拒面對。因此，爸爸媽媽在平時要能引導孩子覺察自我的情緒，在孩子接受自己情緒的同時，教導他們適當的抒發自己的情緒。

Lesson 3

自主管理

自我控制能力差的孩子

「作業寫不完，好想睡覺……」

「我又忘記把聯絡簿帶回來了……」

「時間怎麼總是不夠用？滑一滑手機，時間就沒有了……」

常聽到有家長擔心自己孩子老是無法在時限內完成作業，做事情拖拖拉拉，忘東忘西的，在學校也沒辦法專注在課堂上的學習……。像這樣的孩子，求學階段多半都是魯蛇，自信心比同學來得差，因為我們的學習環境仍多以成績評斷一個人的能力。

◆ 父母是孩子生活中最佳的引導者

當學習內容較為複雜，課業要求較高時，孩子在學習上要應付的各項任務，都需要運用多種執行技巧，包括時間管理、組織、持久專注、工作記憶等。因此，有注意力缺陷過動症特質的孩子往往較難完成這些任務，這時爸爸媽媽就要幫助這些孩子妥善計畫和管理事情，運用外在提示與工具協助他們完成工作，或是將工作細分為幾個步驟，直接教導他們相關技巧，協助孩子克服學習上的困難。

對策❶ 教導孩子運用外在提示

如「每日清單」，能改善他們的學業表現。研究指出，透過個別指導，與孩子

「每日清單」怎麼做？

讓孩子用便條紙（memo）將今天要完成的事情寫下來，每完成一條就劃掉。例如：

2019/12/10

~~1. 聽英文對話 CD~~

2. 練習鋼琴

3. 整理書桌

4. 跑操場 10 圈

5. ……

➲ 每天例行性工作無須特別條列，比如洗澡、刷牙洗臉、完成隔天要繳交的作業……等。

「自我檢核表」怎麼做？

自我檢核表形式很多元，可以記錄每項工作完成時間，例如：

- 寫作業：40 分鐘
- 完成美術作品：60 分鐘

也可以讓孩子練習為自己完成目標時的表現打分數，並引導孩子反思過程中自己有哪些方面可以改善。

舉例來說，如果寫作業一直是孩子非常挑戰的任務，每次完成作業後，可以跟他討論：

- 今天會給自己寫作業的表現打幾分？

再引導孩子思考：

- 今天寫作業時遇到了什麼問題？有什麼方法可以解決？
- 未來再遇到同樣狀況，可以怎麼做？

「專注的自我覺察記錄」怎麼做？

2019/12/10

1. 我現在在做什麼？
2. 我現在在想什麼？
3. 哇，我已經分心！
4. 我需要重新專心！

➲每個人都有可能分心，甚至不容易維持長時間的專注，而專注的訓練重點，就在於如何能覺察到自己已經不專注了，然後重新啟動新一次的專注。透過記錄的練習，可訓練孩子對於專注力的自我監控。

一同訂定目標，進行自我反思，對提升孩子的執行功能有正面成效，能改善孩子在時間管理、組織能力等各方面的技巧，在學業與日常行為表現、自信心與自我覺察能力上也都有顯著的提升。

對策❷培養孩子的執行功能

引導孩子自我評量，觀察自己的行為表現。爸爸媽媽在培養孩子的執行功能時，可以讓孩子藉由自我檢核，檢查自己的表現是否達到當初設定標準，並且記錄下來，透過自我鼓勵與強化，對自己的行為表現給予實質的獎勵。

對策❸協助孩子提升專注力

想要提升孩子的專注力，必須先清楚定義什麼行為是專注和不專注，透過舉例說明，讓孩子練習判斷，了解如何觀察並評鑑自己的行為。接著和孩子解釋與討論自我控制的重要性與目的，喚起孩子合作的動機與意願，然後示範記錄的方式，指導孩子學會如何記錄，同時搭配提示，在孩子的桌前或桌墊下放著視覺化（標語）的提醒，

爸爸媽媽在培養孩子的執行功能時，可以讓孩子藉由自我檢核，檢查自己的表現是否達到當初設定標準，並且記錄下來，透過自我鼓勵與強化，對自己的行為表現給予實質的獎勵。

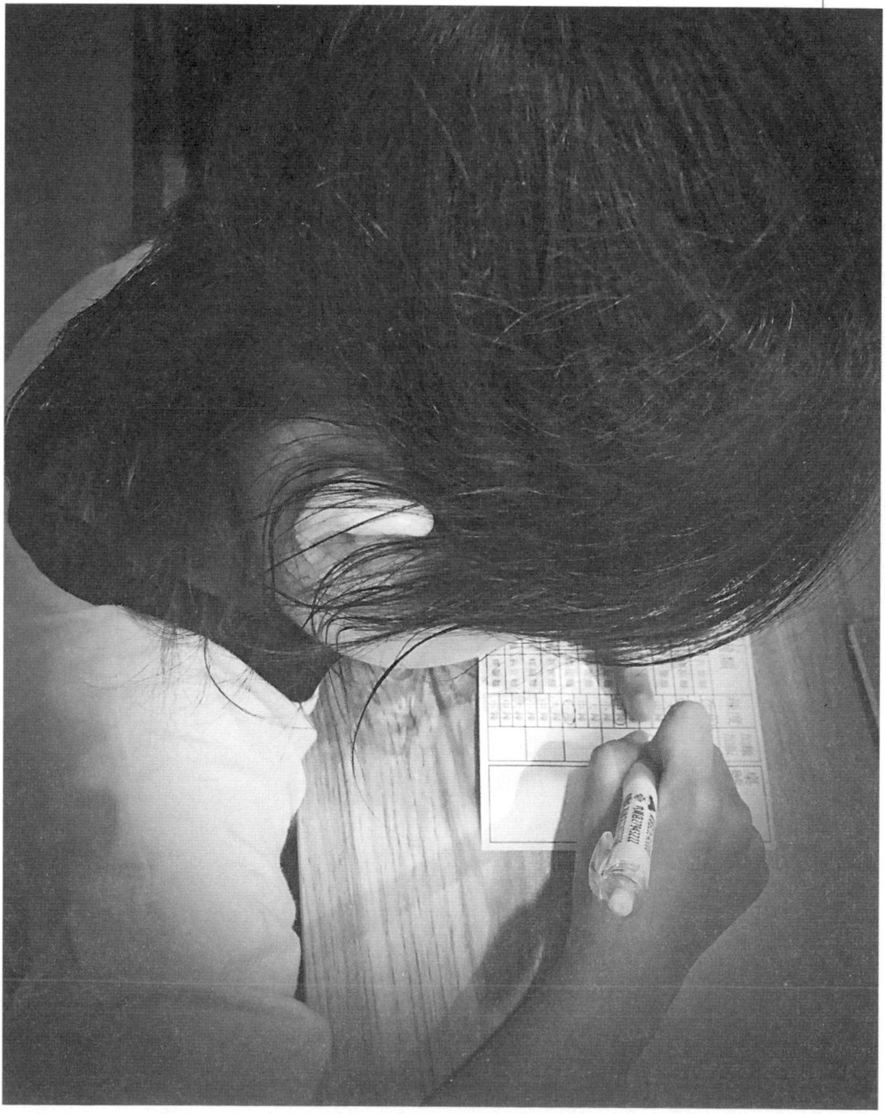

讓他們可以依循提示執行專注力訓練。

・練習題・ 自我控制訓練

在自我控制訓練方面，可以參考芭芭拉・歐克莉（Barbara Oakley）寫的《大腦喜歡這樣學》（*A Mind For Numbers*），書中以腦神經科學角度探討所有學習的秘訣，是輔助執行功能訓練的重要參考。在書的最後提到十種好的學習方法，家長或老師可以從旁協助孩子進行訓練：

❶**回想學習內容：**讀完一頁後，轉過頭不看書，回想這一頁的主旨。孩子有能力回想，也就是有能力靠自己形成想法。

❷**檢驗自己：**隨時隨地檢驗自己所需的一切。讓孩子知道測驗不是壞事，適度的測驗有助於整合自己所需的內容。

❸**建立問題組塊：**透過理解與練習，將複雜的問題與步驟組合成一個組塊，減少大腦的負擔。（想像一下，如果棒球選手揮棒時都要下意識的去執行每一個小動作……

大家都知道沒有一個優秀的選手是這樣做的。）建立記憶組塊的過程有幾個步驟，包含專心研讀想要建立組塊的資料，理解資料的要點，以及建立組塊的前後脈絡。脈絡就是由下而上（形成組塊）與由上而下（綜觀全局），組塊牽涉到你學會如何使用某種技巧，而脈絡意味著學會如何使用這種技巧。

❹**間隔練習：**把學習分散開來，讓孩子每天學習一點。就像運動選手的訓練，大腦跟肌肉一樣，對於任何學習，每天只能承受一定的訓練分量。

❺**交替練習不同的解題技巧：**不要長時間重複練習同一種解題技巧，教孩子做完功課或考完試後，先查看做錯哪些地方，弄清楚為什麼會犯錯，然後盡量用手寫訂正，而非打字，建立牢固的記憶神經結構。另外，讓孩子經常拿不同的題型檢驗自己，翻開課本任一頁，隨便挑一題，看他能否在毫無準備的情況下解題。

❻**休息：**不要想一口氣解決所有問題，看到孩子卡關或覺得氣餒時，提醒他先休息一下，讓大腦的發散式思考接手，繼續在腦海深處思索。

❼**運用說明式質問法（explanatory questioning）和簡單的類比：**遇到任何概念或難題，時常反問自己要如何對一個十歲小孩解釋到他聽得懂。提醒孩子不要只在腦中

想，要大聲說出來，口說和書寫有助於將所學事物進行更深刻的編碼。

❽**專注**：善用番茄鐘法則[3]，讓孩子遠離會讓他分心的東西，計時25分鐘，在這段期間內凝神專注，全力衝刺，時間到了之後給予一點獎勵。一天當中可以反覆做好幾次，建議找個不受干擾的時間和地點進行，透過練習讓孩子養成習慣。

❾**先吃掉青蛙**：每天一大早，趁頭腦還很清醒的時候，先解決掉最困難的工作。

❿**善用心理對比**：在環境中布置可以讓孩子想起夢想的照片或標語，覺得洩氣的時候看一看，想像將來夢想實現的狀態！

---

❸ 番茄鐘法則是一種時間管理的方法，一九八〇年代由弗朗切斯科．奇里洛（Francesco Cirillo）提出。該方法使用一個計時器來分割出明確的工作時間與休息時間，一般劃分方式為25分鐘的工作時間和5分鐘的休息時間，希望透過有效的專注時間提升工作效率。基本步驟為：決定待完成的目標↓設定計時器25分鐘↓持續工作直至計時器提醒↓短暫休息3至5分鐘。完成三到四個循環可以讓自己有一段較長的休息時間。

11項執行技巧與自我管理能力的培養

自我控制能力差的孩子多半有執行功能缺損。研究指出，自我控制能力與專注能力差的人，其執行功能（Executive Function）比一般人來得弱。執行功能是由負責控制行為和思想的前額葉皮層指揮的，會去策劃和執行一連串的活動，讓人能按著計畫工作，達成目標。通常有注意力缺陷過動症特質的學生，在學習上常會遇到很多困難，像是未能跟從指令、忘記抄寫聯絡簿、沒帶課堂所需物品、不能準時完成並繳交作業、較難控制情緒等。其實正是他們在執行功能上的缺損，讓他們未能自我計畫、組織適當的行為。

美國心理學家Dawson & Guare引用香港教育局執行技巧訓練指導計畫，將執行功能細分為11項執行技巧（Executive Skills）：

1 **反應抑制（Response Inhibition）**：能先考慮清楚情況及後果再做行動。

2 **工作記憶（Working Memory）**：在執行任務時，能提取和聯繫儲存在記憶系統中相關的資訊。

3 情緒控制（Self-regulation of Affect）：能管理情緒以便完成任務和達到目標。

4 持久專注（Sustained Attention）：能保持專注，不受無關的事物干擾，或被疲累、厭倦的感覺影響。

5 任務展開（Task Initiation）：能有效率及適時地開展工作，不會拖延。

6 規劃與優次排定（Planning/Prioritization）：能分辨事情的輕重緩急，計畫達到目標的步驟，以及做事的先後次序。

7 組織（Organization）：能建立和運用系統去管理工作和物件。

8 時間管理（Time Management）：能預計和分配時間，在期限前完成任務。

9 堅持達標（Goal-directed Persistence）：在遇到不理想的環境或誘惑時，能堅持向目標邁進。

10 靈活變通（Flexibility）：在面對障礙、挫折和新訊息時，能修正計畫做應變。

11 後設認知（Metacognition）：能從客觀的角度自我檢討。

好的自主管理可以讓個體有更好的生活品質，邁向更穩定的生活狀態。

★

社會情緒學習中的自主管理與執行功能的概念相近，當中包含自我激勵、目標設定、自律、衝動控制，以及應對壓力的策略。社會情緒學習會探討自主管理很重要的一個原因是，專家學者相信個體對自我有好的運作能力，將自己的生活狀態照顧好，是發展對外關係的基礎。此外，自主管理接近「7個習慣」當中所談個人成功的習慣：主動積極，以終為始，要事第一。

對於有注意力缺陷過動特質的我來說，自我管理能力的訓練是非常重要的。小時候的我常會忘東忘西，一直到我學習輔導並從事相關工作後，逐漸養成反思能力，同時發展出一套屬於自己的時間管理與目標設定的策略。現在，我會善用電子行事曆，在每年與每個學習一開始，就會檢視自己的目標，平時也會列舉需要處理事項的待辦清單，這些能力，我相信都是從小在家人引導下養成的。

我的父母親從小讓我知道今日事今日畢的重要性，每天放學回家第一件事情，就是把當天的作業寫完。每次段考前，一定要把參考書的題目做完，在考前一到兩週就要開始複習，不然考試就容易考砸。

至於反應抑制的訓練，爸媽在生活中讓我理解到負責任的重要性，如果沒考慮清楚後果就行動，我就需要自己練習承擔相關責任。舉例來說，如果我漏掉東西沒帶去學校，絕對不會有人幫我送來，我就必須承擔學校的處罰。

自我管理能力的培養需要從小做起，父母是孩子生活中的教練！

Lesson 4

自主管理

為焦慮所苦的孩子

「國中功課變好重，作業寫不完，考試又很多，我晚上常常要熬夜……」

「分組時都沒人要和我一組，同學好像都不喜歡我……」

「在學校被老師罵，回家還要被爸媽念，怎麼都沒有人了解我……」

在輔導工作中常有機會遇到孩子與家長陷入焦慮的問題，有的孩子因焦慮造成原有的功能退化，有的孩子變得無法行動，甚至出現許多身心症狀，晚上睡不著，對生活中的事物失去動力，甚至拒（懼）學等等。就連我也曾經在參加長途行走的活動過程中，產生較嚴重的焦慮反應，感覺腦袋就像壞掉的影片，思緒不停的重複再重複，當時那種身體與心理的疲憊，引起了我對於「焦慮」進一步探究的興趣。

◆適度焦慮是好事，過度焦慮要從來源疏通

讓孩子理解適度的焦慮其實對人有益，它會使我們準備好採取行動，讓身體為緊急時刻做好準備。有這樣的焦慮機制應該感到開心，但若過度焦慮可能會有問題，爸爸媽媽可以協助孩子從下面四個狀態，評估自己是否已經過度焦慮了：

□焦慮出現得太頻繁或持續的時間久到讓我不舒服
□焦慮干擾到我想要做的事情
□焦慮的事情已經大幅度超過實際可能發生的風險
□我已經很努力控制自己的焦慮，但它仍對我產生很大的干擾

當孩子處於焦慮狀態時，爸爸媽媽要先想辦法了解焦慮的來源，是什麼樣的事情困擾他們，然後聽聽孩子對於這件事情的擔心，協助他們釐清這份擔心與實際情形的關聯性。舉例來說，大部分的人都會擔心自己的表現，有些孩子甚至會因為擔心考試沒有考好，擔心到吃不下飯、睡不著覺，或者更嚴重的乾脆逃避面對考試、面對學

校、面對學習。我常和孩子分享，當我們開始焦慮的時候，可以試著想想：

❶這樣的焦慮對我的表現有沒有幫助？
（既然擔心沒用，那為什麼還要擔心呢？）

❷我焦慮的事情發生的機會有多高？
（既然發生的機率低到不行，那為什麼還要擔心呢？）

❸我有沒有付出行動去改變讓我焦慮的事件？
（沒有付出行動，有可能改變嗎？）

◆陪伴孩子面對焦慮，一味逃避容易使狀態惡化

而在我和一些孩子討論焦慮問題的時候，也常會聽到他們為自己找一系列的理由，像是：

「我的能力太弱了，無法處理這樣的狀況。」

「如果我努力之後仍然不成功，別人會覺得我很蠢。」

有時候孩子焦慮時，需要的是陪伴與支持，
而不是更多的指導。在旁邊靜靜的待著，效果反而更好。

「我無法控制我的感受。」
「這就是我，我就是一個容易感覺焦慮的人。」
「我不覺得自己可以改變。」
「我還沒有準備好要面對我的焦慮。」
「有更多重要的事情比處理焦慮來得重要。」（但事實上沒有任何作為。）
「我擔心努力卻沒有收穫，這會讓我覺得什麼都不做比較好。」

焦慮通常表現在思想、行為和感覺（身體對於焦慮的反應）三個面向，焦慮的人難免都會想要逃離使他們焦慮的事物，就短期而言，焦慮可能會降低一些，但從長期來看，一味逃避只會使焦慮狀態惡化。爸爸媽媽要引導孩子願意面對自己的焦慮，可從旁協助他們：

1 **練習觀察與記錄自己的焦慮。**

2 **自我思辨。**假裝在進行一場正式辯論，有一個人希望情況不變（停滯的理由），另一方希望全面改變（前進的理由），問孩子哪一種角度比較適合。舉例來說，「對於懼學（拒學）一段時間剛復學，擔心課業表現的我來說，不希望改變是怕付出努力卻還是得到很差的成績，這會使我覺得什麼都不做還比較好。」這是停滯的理由，因為這樣會讓孩子覺得自己像是個失敗者；而前進的理由可能是：「只有真正的失敗者不做任何努力。這些焦慮阻止我在學校中表現得更好，如果我什麼都不做的話，其實風險更大，只會使我落後越來越多。」

3 **擬定行動計畫並執行，不要等待。**不要幻想某一天會突然燃起動力，往往行動是發生在動力之前，如果真要等到有動力才行動，不知道要等多久。

◆進兩步退一步，也是一種進步

許多成功的改變者在達到目的之前進退許多次，所以，當爸爸媽媽看到孩子狀態不定時，請不要沮喪，要堅定信心。即使往後退也無妨，只要嘗試、嘗試、再嘗試就對了。進兩步退一步，不也是一種進步嗎？請不要因為孩子退步而全盤否定他和你們的努力。

當孩子面對焦慮，想到停滯的理由時，讓孩子回答下面幾個問題，將有助於他繼續堅持與努力：

□我的想法會不會太悲觀了？
□我是不是把事實誇大了？
□我能不能找到與理由相矛盾的證據呢？
□我可以想像那些不適用這理由的人嗎？如果不符合他們，為什麼會符合我呢？
□既然沒有人能知道未來的事，我會不會對未來有過多負面的預期？

◆「焦慮不是你的錯」，讓孩子學習寬恕自己

陪伴容易焦慮的孩子要先讓孩子學習寬恕自己，不要讓他認為焦慮都是自己造成的。適時地讓孩子正視自己的問題，透過討論引導思考哪些問題是他可以改變的，哪些問題不是他能掌握的，讓他將心思放在可以掌握的問題上，然後去改變它！

而當我們希望協助孩子克服焦慮時，第一步一定要和孩子建立關係，得到孩子的

信任，讓他能在無後顧之憂的狀態下，坦白自己真實的想法與感受。大部分的人都曾有焦慮的經驗，因為它是人類正常的一種心理機制，想要孩子坦然面對自己的焦慮，爸爸媽媽內心就要先接受孩子這樣的特質，不要讓孩子的焦慮因為我們的焦慮複雜化。我們知道焦慮可能會反覆發生，但只要把握進兩步退一步的頻率，整體大方向是向上的，這樣就是進步！

◆做個優質的陪伴者，別當讓孩子更焦慮的父母

觀察容易焦慮孩子的家長，與《征服焦慮》（*Overcoming Anxiety For Dummies*）這本書中提到的概念不謀而合，大致可分為三種類型：

1過度保護型（會造成孩子無法了解如何忍受焦慮與挫折）

這類型父母會過度保護他們的孩子遠離所有想像得到的壓力或傷害。舉例來說，看到孩子快要跌倒了，他們會在孩子碰到地面前將他扶住；當孩子覺得不舒服時，他們會想辦法幫他解決問題。

2 過度控制型（會阻擋孩子獨立發展，同時助長依賴與焦慮）

這類型父母無微不至的掌管孩子的生活，希望控制所有的細節，像是要怎麼玩、應該穿什麼衣服、怎麼處理算數問題等等。

3 過度善變型（會造成孩子容易焦慮，覺得生活中能掌控的事情很少）

這類型父母在日常生活中經常存在不確定的規則和限制，當孩子作業有問題時，今天很理智的跟他互動，隔天卻又對他發怒，讓他無法找到自己的努力與可預測回報之間的關聯。

由此看來，爸爸媽媽要學習做一個優質的陪伴者，不要讓自己成為過度保護孩子、過度控制孩子以及過度善變的父母。我們都知道，這樣的愛對孩子沒有幫助，在面對孩子的焦慮時，建議可以試著這樣做：

對策❶　整理好自己的情緒，別隨著孩子的焦慮起舞

刺激與反應中間永遠有停頓，人有選擇的自由，當孩子處在焦慮的狀態，我們應該先照顧好自己，讓孩子知道你是有能力協助他處理焦慮的大人。

對策❷ 理解人的焦慮處理機制，包含生理變化

跟孩子說明焦慮是人的正常反應，適度的焦慮有助我們未雨綢繆，提升計畫與執行的功能；但當被焦慮的感覺充滿後，卻會讓人呈現「當機」狀態。一旦啟動焦慮的機制，血液會迅速離開大腦，可能會讓我們暫時無法思考與專注——讓孩子理解這樣的機制，提醒自己覺察這種狀態只是暫時的，可以透過幾次的深呼吸，關注身體的不同動作來轉移注意力。

對策❸ 引導孩子思考過去面對焦慮的經驗

想想有沒有什麼曾經成功克服焦慮的經驗，談談孩子的優勢與強項，或是他曾經在人生當中經歷與面對過什麼樣的挑戰。

對策❹ 陪孩子練習走過焦慮的心理歷程

跟孩子一起討論，讓他說出在這個階段他最擔心的事情是什麼？最慘的情況會是如何？在什麼樣情形下會演變成他所擔心的樣子？如果真到那樣的狀態會怎麼做？同時思考事情如果真像孩子所擔心的發生了，有沒有可能有什麼樣的轉機或是好處？我們還可以引導孩子把時間拉長，想一想即使真的發生了，一年之後會怎麼樣？三年之後又會怎麼樣？這樣的狀態你覺得會持續多久？孩子就會發現，即使擔心的狀態發生了，日子仍會繼續過下去。

對策❺ 思考不同情形的可能替代性策略

爸爸媽媽可以陪孩子一起思考，面對一種情境有多種的因應方案，也有機會降低孩子的焦慮。

Lesson 5

自主管理 拒絕上學的孩子

「我不管花多少時間念書都考不好……」

「班上同學都沒有人喜歡我，交朋友好難……」

「讀這些書到底有什麼用，為什麼每天總有考不完的試？……」

這些年的輔導工作有許多機會和拒學的孩子相處，其實大部分拒學的孩子都承受著比一般孩子更大的心理壓力，一方面可能源於本身敏感的特質，或是在環境中得不到足夠的人際支持。

他們有可能是遭遇環境中的刺激，或是在學習上充滿挫折，而大多數這樣的孩子一開始是求好的，但學習中的挫敗經驗也讓他們常瀕臨崩潰。這些壓力很多時候不一定能被外人察覺，尤其是有溝通表達的困難或正值青春期的孩子，這樣的狀態更容易被我們忽略。

◆突發壓力事件就像壓倒駱駝的最後一根稻草

有時候可能是受到同儕的欺負，也有可能是累積太多學習挫折，如果再加上爸媽的不理解，甚至用了不適當的方法管教，像是因為考試成績不好，爸爸媽媽就體罰他，或是缺乏關懷，只是不斷的逼迫他學習，都有可能讓孩子承受壓力的狀態超過他原先能夠承受的範圍。

不理解的粗暴互動會加速拒學情況的惡化。當孩子因為上述原因不去學校，開始產生逃避學校學習的狀態時，家長多半會再次加壓，這樣的壓力反而讓孩子逃得越快，顯示過去互動已經造成傷害。舉例來說，孩子考試考不好，往往最難過的是他自己，父母不但沒有安慰或鼓勵他，反而是用打罵的方式懲罰他。

親子間的信任感暫時破壞了，關係就像打了一個結似的，這個結讓孩子開始逃避

協助孩子平衡生活當中的壓力，過度施壓並不會帶來好表現，
只會讓孩子的心離我們越來越遠。

學習，而父母的加壓不會讓這個結被解開，反而是製造更多新的結。當然，有時候情況可能在暴力下暫時緩解，但其實這個結只是打得更緊而已。

◆了解拒學原因，審視和孩子的關係與教養方式

過去我陪伴的孩子，拒（懼）學的原因可能有：

1 承受過多環境的壓力

（包含來自學校、家長的，甚至是源於自己的壓力）

2 不想面對自己

（包含自己的特質、人際的壓力，以及學習的挫敗感）

3 累了，想休息

（長期的壓力累積，讓孩子喘不過氣）

4 不想承擔責任

（努力了半天也是失敗，不如不要去學校，每次去只是再次證明自己是魯蛇而已）

5 用逃避緩解眼前的壓力

（發現不去學校也蠻好的，逃離過去的壓力。但有些孩子反而會更加深焦慮，因為逃避是延後壓力與焦慮的一種手段）

爸爸媽媽請不要當壓倒駱駝的最後一根稻草，請記得要有耐心，重新審視自己跟孩子的關係與教養方式，過程中不用過度的自責，把它當作一個寶貴的經驗。不要急著要求孩子改變，應該先回過頭來改變你自己，當你改變了，而孩子也真的相信你改變了，當初打上去的那個結才有可能解開。

相信我，拒學的孩子不會因為你給他更多的壓力就改變。如果有，也只是暫時性的，根本的原因沒有解決，結只會打得更緊，變得越來越難處理。

覺知自我的壓力與習得各種紓解壓力的方式

面對壓力應該是每個人共同的經驗，但其實我們每個人對於壓力的感知不同，能夠承受的壓力強度不一，可以造成自我壓力的來源也不一樣。

適度的壓力是個體進步的動力，而過度的壓力則容易讓人失衡。「處己」包含對於自我面對壓力的感受與應對，同樣的壓力來源，可以因為應對姿態的不同，改變這個壓力對我們的影響。

壓力雖然與心理的感受有關，但也會直接影響個體的身體狀態。有些人壓力大，會出現失眠、荷爾蒙失調、顳顎關節疼痛等不同身體狀況，醫學領域目前也在研究壓力與各種不同疾病的關聯性。

覺知自我壓力的來源，審視這些壓力的必要性，改變自己，調整環境，都是面對壓力的策略。人的一生與壓力共存，我們無法逃避。所以，和孩子一起學習好好的呼吸，讓自己適時放鬆，發展屬於自己的紓壓策略！

Lesson 6

自我意識

不斷「找自己」的孩子

「都沒有人了解我，我好像也不了解我自己……」

「同學們都參加了，我是不是也要跟著去呢？但我好像又不想去……」

「我不確定自己適合哪個類組，未來想要做什麼……我應該跟誰討論呢？」

「人生有什麼意義？活著有什麼意義？我怎麼樣也想不明白……」

有一天，十五歲的凱凱跟我約見面，和我分享他的困擾與焦慮。凱凱和父母、老師甚至同儕的價值觀不同，他希望和班上的同學建立友情，卻始終不得其門而入。做了很多討好他人的舉動，但好像都沒有收到預期的收穫，使得他開始對於什麼是朋友產生困惑。

◆鼓勵孩子把堵在心裡的想法說出來

傾聽孩子的聲音，引導孩子傾聽自己內在的聲音。藉由對話，而非指導，讓孩子理解朋友的意義。因為朋友對形塑自我概念有關鍵的影響。

許多時候，我們能和某些人比較談得來，是因為彼此有共同興趣或相同的生命經歷。有時候即使別人覺得自己不錯，但也不一定會成為朋友。當孩子認真的做自己，就有機會吸引志同道合的夥伴走在一起。

每個孩子都有自己的看法，對於這個世界的人、事、物有自己的見解，這是好事。我們要提醒孩子的是，遇到事情不要急著下判斷，許多事物都有不同面向，眼睛很容易欺騙我們，耳朵也是一樣。要讓孩子相信：看到一個現象，或聽到一句話，就立刻下判斷，很容易誤判情勢。有時候一個刺激進來，讓自己練習沉澱一下不是壞事。

陪孩子一起尋找生存的意義，讓孩子理解，其實活著本身就是一種意義。**認識自我，建立自我概念，是每個人必經的過程。孩子感到困擾是正常的，鼓勵他們說出來，尋求旁人的建議，這是很重要的策略。**

◆與人分享、連結，才能帶來真正的快樂

很多時候孩子會和我吐露他的情緒，分享真實的生命故事。可不要小看傾聽的威力，有效的傾聽常會帶來不可思議的效果。在一次不預期的談話中，阿青在我面前痛哭，眼淚怎麼也止不住。他告訴我想要遠離原生家庭，因為這個家讓他喘不過氣，家人的疏離，潛意識裡深層的恐懼、憤怒與不諒解，促使他在工作幾年後的一次衝突，毅然決然離開熟悉的環境，追尋自己的人生。

阿青哽咽地說：「過去沒有什麼人知道我這樣的狀態，雖然我們久久才見一次面，但我覺得可以跟你說……。」

我靜靜地聽他說著自己的故事。

阿青：「你輔導的其他孩子有沒有這樣類似的經驗？他們該怎麼辦？」

我說：「說實話，還真的沒有！因為你剛剛描述的那些傷害都太深刻了。不過我看過一些書和文章，我可以分享給你。」

阿青：「那你有沒有看過《阿拉斯加之死》（*Into the Wild*）？我覺得自己的狀態跟

@宜蘭海灘淨灘

陪孩子一起尋找生存的意義，讓孩子理解，其實活著本身就是一種意義。當孩子認真的做自己，就有機會吸引志同道合的夥伴走在一起。

裡面的主角很像。」

結束這段談話後，我立刻找了《阿拉斯加之死》這部片子來看，主角拋棄了他原本的生活，開始追尋自己理想的生活方式。這是一個真實的故事，一個描述追求自我生命意義的理想主義者，他努力擺脫世俗的枷鎖，逃離自己的身分，過程中他結識了許多新的朋友，產生了許多新的關係與連結，在他人生的盡頭領悟：**只有分享，才能帶來真正的快樂。**（Happiness only real when shared！）

更準確的說，應該是與人分享，與他人產生連結。這個體悟，在過去幾部我很喜歡的電影中都可以窺見，像是《型男飛行日誌》（*Up in the Air*）中點出：**人生有個伴會更美好。那些生命中最重要的時刻……你是一個人嗎？**（Life is better with company. The most important moments in your life…were you alone？）

對我來說，生命的意義，不僅是因為活著，同時也代表著我們的生命對他人是有意義的。

◆用對話引導孩子探索內在的自己

透過對話引導孩子認識自我，要先聽不論斷（just listen no judgement），無論爸爸媽媽聽到的內容有多麼不可思議，請記得不要立即批判，也不要急著下指導棋。在不了解孩子真實想法與身處的脈絡時，急於把我們心裡的答案告訴他，效果通常不好。對孩子要抱持真實的好奇，對話中我習慣問孩子問題，透過「傾聽」與「澄清」協助孩子釐清方向，讓他更深刻理解自己的渴望與需要。孩子的想法也不一定全都是對的，透過對話，可以調整其認知，拓展孩子對於問題的觀點。

對話❶──傾聽強化孩子的內在力量，創造孩子可以表現的舞台

我問：「能不能和我分享你的成長經驗呢？」

大Y：「我從小在學校就被同學欺負，以前看不出來別人其實是不喜歡我的，不想要跟我說話，或是在敷衍我。」

我問：「你曾經努力改變這樣的狀況嗎？」

大Y：「有啊！我們老師告訴我，只要我成績好，其他同學就會喜歡我。」

我問：「那結果呢？」

大Y：「我很努力的考到校排前幾十名，但卻一點改變都沒有。」

我問：「可以舉個例子談談你跟同學相處上的問題嗎？」

大Y：「以前我會學變魔術，就在班上變魔術給同學看。剛開始同學覺得我很厲害，但當我變完魔術，他們問我到底是怎麼做的，我告訴他們這是不能洩漏的，班上同學就開始對我說一些難聽的話！」

我問：「那你又是怎麼學會這些能力的？」

大Y：「應該是一次又一次的經驗累積。」

我問：「那你現在是怎麼判斷別人不喜歡你的？如果一群人裡面有人不喜歡你，你會有感覺嗎？」

大Y：「以前的話，我通常要透過真實事件才能判斷。舉例來說，如果我約一個同學晚上去看書，他跟我說他沒空，當另外一個同學約他，他卻說有空時，我就會知道他其實並不想要跟我出去。現在我可以透過一個人說話的語氣，或眼神飄來飄去，判斷他是不是不想要理我。」

我說：「聽起來都是失敗的經驗，我覺得你真的很堅強，在經驗到這麼多挫折後還能這樣正向樂觀！我很好奇，這樣的狀態是從什麼時候開始改變？我感覺你對自己現在還蠻滿意的，也很有自信。」

大Ｙ：「就從我有機會在公開場合分享我的生命經驗開始，我感受到他人對我的肯定，而且這樣的肯定帶回我的學校，也逐漸改善了同學對我的態度。」

我說：「對啊！每個人都需要一個改變的契機。」

對話❷解放思想的重要性：孩子的想法你聽得到嗎？你願意接受嗎？

莊莊：「我未來想要幫屍體化妝！」

我說：「你不害怕嗎？」

莊莊：「現在是不怕啦！從小我對鬼什麼的就比較不害怕，也沒遇到過什麼奇怪的事情。」

我說：「為什麼你想要幫屍體化妝？」

莊莊：「因為我喜歡化妝，但是我會過敏，所以自己不能化妝。不過幫活人化妝感覺很麻煩，他們意見會很多，甚至還要挑化妝品的牌子。」

我說：「所以你覺得幫死人化妝比較簡單？」
莊莊：「對啊！他們不會動，而且不會有意見，也不會挑化妝品。」
我說：「你說的也沒錯，但我還真不敢！」
莊莊：「人很複雜，我覺得自己不擅長與人交往，如果幫死人化妝，我只需要學會面對『悲傷』情緒的人。」
我說：「這真的挺有策略的！感覺你對自己蠻了解。」

對話❸　傾聽的力量，和孩子學習！在孩子的脈絡中與其對話

阿冠：「我在小學、國中都被排擠，已經習慣了！我不在乎！」
我說：「是，我知道，這不是在不在乎的問題，重點是知不知道中間發生了什麼問題。這個問題出在我們身上，還是別人的身上？如果是我，我會很想弄清楚，因為當我越了解自己的狀態，未來就有可能避免發生一樣的問題。」
阿冠：「嗯，我覺得有一部分是我的問題。像是我說話比較直接，有時候情緒起伏比較大，如果有人『逆鱗』我，我會受不了。」

我說：「逆齡？」

阿冠：「魚鱗的鱗。」

我說：「這是什麼意思？」

阿冠：「應該可以說是得罪或冒犯的意思……」

我說：「等我查一下，喔，逆鱗是對某人大不敬或是觸犯某人的意思，古代用來形容違逆上意，觸犯龍顏。現代都使用在冒犯某人的意思上。」

阿冠：「呵呵，現在還有人在用Yahoo查……」

我說：「所以你對自己的狀態是清楚的，對吧！過去都沒有人跟你說過嗎？」

阿冠：「沒有，以前最嚴重的時候連一個同學都不願意跟我說話，媽媽還要沒收我的美工刀，不讓我帶到學校！」

我說：「為什麼要沒收美工刀呢？」

阿冠：「因為我跟欺負我的同學說，『如果你再弄我，我就拿美工刀砍你！』，最後老師告訴家長，媽媽就把我的美工刀沒收了！」

我說：「理解，很多時候這是人的自然反應，在面對威脅的環境裡面，人會本能的想要保護自己，這樣的行為是能理解的。」

阿冠：「嗯，來到這裡好多了，有兩個同學私下跟我聊過他們對我的觀察，給了我一些建議。這邊的老師也可以跟我討論。因為我是一個需要被說服的人，加上又比較直接，所以過去的學校沒有任何老師喜歡我。我最常問『為什麼？』、『做這些事情的意義是什麼？』，很多老師聽到這樣的問題，臉色就變了。」

我說：「好的，我找你聊天，你不意外嗎？」

阿冠：「不會，因為你也會跟很多人聊。」

我說：「那你現在還會在與人相處上感覺到壓力嗎？」

阿冠：「現在不會，因為在這邊有朋友。雖然還不能很清楚自己在什麼時候會有情緒，但我已經知道可以遠離自己不喜歡的人，接近自己喜歡的人就好，不然這樣生活太痛苦了。過去我能夠感受到別人不喜歡我，但我完全不知道是為什麼，現在已經很不一樣了。」

我說：「是啊，我認同，我覺得在一個環境中，能有一兩個跟自己聊得來的夥伴就很夠了！」

對話❹　透過對話改變孩子原有的認知

小志：「我感覺我就是運氣比別人差！」

我說：「你可以舉個例嗎？像是上次飲料掉到地上？」

小志：「對，一般人東西掉地上不會這麼嚴重，為什麼我一掉就整杯飲料毀了。」

我說：「你當下的感覺是什麼？」

小志：「崩潰！因為已經發生太多次了。」

我說：「那你怎麼知道其他人的掉下去就不會這麼嚴重？」

小志：「我覺得有一股神秘的力量，讓我常常遇到不好的事情，這樣的頻率比一般人高很多！」

我說：「你怎麼知道你的頻率比一般人高很多？你跟誰比過？」

小志：「我弟。」

我說：「這個樣本太小了，沒辦法說服我耶！你怎麼不跟全世界幾億的人去比？還是我們做一個實驗，從現在開始，我每天買一杯飲料給你，我們來記錄你到底打翻多少次？」

小志：「我覺得不用，因為現在已經比較好了，最近都沒有打翻。」

我說：「為什麼？難道神秘的力量消失了？」

小志：「不是，因為我現在都會特別注意，我會比較用力的抓著飲料，拿飲料時也會看看旁邊有沒有人可能撞到我。」

我說：「這很好啊！代表你有去注意這個問題，改變了原先的做法後，這問題就被解決了，不是嗎？」

小志：「但我覺得還是有比較誇張的，就是曾經我們一家出去旅遊，每天都有飲料被打翻，就算不是我打翻的，但飲料還是潑到我身上……這種感覺就很像是有一片塗了醬的吐司掉到地上，總是塗醬的那一面著地一樣。」

我說：「那有可能是當下你還沒有特別注意，或者是環境結構的問題，有沒有可能是桌子太小？或是空間並不合適？另外，別人打翻飲料是別人的問題，就算潑到你身上，也不是你的問題。你仍然覺得有神秘的力量在影響嗎？」

小志：「神秘的力量只是一種比喻，但每次只要生活過得比較順的時候，我就開始擔心接下來有壞事要發生了，而且壞事會接二連三的發生。」

我說：「你能夠舉例嗎？」

小志：「像是早上有件事沒做好，下午也會接著有一件事沒做好，晚上也是……」

我說：「那很正常啊！早上有一件事沒做好，如果你的心情被影響，或生活節奏被打亂了，你需要花時間處理早上的問題，當然有可能會影響到下午的事情，也有可能會影響到晚上的事情，這個經驗很多人都有，不是只會發生在你身上……當你遇到這些問題時，除了崩潰之外，你還會做什麼？」

小志：「現在我會先抱怨一下再想辦法解決。」

我說：「抱怨是發洩嗎？」

小志：「算是吧！通常我就是唸個幾句再開始做事。現在抱怨也比以前少了，覺得講了也很累，所以在學校比較不常抱怨，只是回到家的時候，我會先唸個幾句。」

練習題 把「注意力」放在自己身上

■我感覺……我需要……

在家裡某個適合的角落，練習分享自己的感覺，表達自己的需求。進行時，可由爸爸媽媽先做，過程中不要勉強孩子說出自己的感受，引導孩子認識自我的情緒，認識情緒的強度，了解自己情緒的來源，同時練習用彼此都能接受的方式表達自我的需求。這個練習是社會情緒學習的基本功，也會讓「家」更有溫度。

■感受自己的呼吸

自我意識的練習可以從感受自身的呼吸開始。讓孩子把眼睛閉起來，食指橫在鼻孔前面，關注自己呼吸的頻率與呼吸狀態。這是專注在自我的一種練習。做這個練習時，也可以躺著，在肚子上面放一個布娃娃，關注娃娃的起伏，練習將專注力放在自己身上。

■看著自拍照與自己對話

讓孩子用手機自拍，看看照片中的自己，問問自己，「你看到什麼？你有什麼感覺？你想要對他說什麼？」練習關注自己的樣貌，在過程中與自己對話，應該會有許多意想不到的發現。

專欄 · Column
社會情緒學習所談的「自我意識」

反思自己的感受、價值觀和行為的能力

每個人心裡都有一座橋，是與自我的連結，也是與外界的聯繫。我們不能阻斷孩子與自己的連結，因為這樣的連結代表著自信、自我效能，甚至自尊。自我意識的訓練是每個人一生的功課，當孩子有意識地反思自我的意念及感受時，才是真正的活著。對於自我意識的內涵，下面分成三點反思：

認真思考「我是誰？」

這是可以問一輩子的問題，認識自我是人生的重要功課。我是誰？在人生的不同階段，這個問題都有不同的答案，我的身分，我扮演的角色，我的喜好，我的人生觀……等等。

我是誰？這個問題沒有標準答案，探尋自己內心真實的想法，無關乎對錯！

我是誰？這個問題不需要外求，別人的想法可當作參考，但最終的決定權在自己身上！

我是誰？這是人生中必修的學分，讓孩子具備回答這個問題的能力，知道自己喜歡什麼？想要什麼？擅長什麼？發現自己的缺點，覺察自己的情緒，理解自己的感受，發展自己的情感，知道自己喜歡跟什麼樣的人在一起？……

★

我是誰？還記得自己第一次問這個問題是什麼時候嗎？

在求學階段，有許多孩子會拿學業成績來定義自己，成績好就是有用的人，反之亦然。曾經有孩子和我說：「老師，我真的很沒用！考試成績老是不及格，排名總是落在班上的後面。」我常和經歷成績挫敗的孩子分享，「不要任憑成績去定義你這個人的價值！考試只是評價的其中一種方法，成績差，不代表你就是一個差勁或沒用的人。」

與自我對話

可能在準備入睡前，也可能是清晨；可能在看電影時，也可能在跑步機上。如果把認識自己當作是一件重要的事情，與自己對話的契機將會開啟！

★

透過情境的塑造與引導，讓孩子對這個世界的人、事、物有自己的見解，遇到事情不急著下判斷，沉澱一段時間再反應。同時讓孩子相信，過程中的混亂與不舒服是很常見的，迷惘時，可以和自己信任的大人聊一聊，聽一聽他人的想法與建議。

也讓孩子理解別把自己當陌生人，最了解自己的人應該是自己，最親近的人也不應該是外人。不要忽略自己內在的聲音，這樣的整合是重要的。

「接受自己，練習愛自己，因為你值得！」

沒有人是完美的，接受自己現在的樣子，練習把自己照顧好，愛自己的全部，讓自己學會與自我和平共存。這樣說，不代表要縱容自己，或是讓自己的缺點無限放大，接受是改變的開始，而不是壓抑或忽視。

自我覺察

自我覺察是持續進化一個相當關鍵的能力。覺察自我包含理解自己的想法，以及為什麼自己會有這樣的想法？這些想法與思維方式是如何形成的？還有情緒和感覺。

當孩子越了解自己，就越容易適應外在的變化與挑戰。最可怕的是，我們並不覺得這件事很重要！

認識自己與身體核心訓練一樣，這是啟動內在力量的方式。只要看看現在孩子的課表與作息表就知道，我們有把孩子「自己的時間」留給他們嗎？如果爸爸媽媽認同這件事情的重要性，請將「認識自己」放入你和孩子的時間表。

Lesson 7

自我意識

容易情緒失控的孩子

「為什麼你們都不聽我的？我要生氣了喔！」

「不知道為什麼，每次聽到別人用這種語氣跟我說話，就會讓我很火大！」

「只要我一翻臉，大家就會聽我的，好像都很擔心我發脾氣……」

晤談時，小瑞的媽媽和我分享她的進步。（前面提到過，我常鼓勵家長在要求孩子前，自己也要努力嘗試。）

有一次，一家人在餐廳點完餐後，小瑞還想要再加點一道大菜，被拒絕後，就在餐廳鬧脾氣，大聲嚷嚷說不吃了！這時小瑞媽媽有別於過往用更大的脾氣壓制孩子，或是以說風涼話的語氣回他：「不吃就不吃，餓死你！」而是跟他說：「感覺你非常希望再點一道菜，對嗎？」

小瑞點點頭。

「那我們一起看看已經點了哪些菜？如果你要再點這一道，或許我們可以把一道菜換掉？」

當下小瑞感覺有些震撼（這是我媽嗎？），想了想說：「沒關係，不用換了。」

「不然下次我們如果再來這間餐廳，就先點你這次沒點到的這道菜？」

小瑞點頭說好。

◆釋出善意與尊重，同理孩子的情緒

那天小瑞媽媽跟我說，其實她當下知道自己有情緒，看到孩子這樣不懂事，心情是有被影響的。「但是我記得曲老師過去一再的提醒我，停頓（深呼吸），感受自己當下的情緒，想一想我可以怎麼說？可以怎麼回應？」

我說：「很好啊！妳不僅能做到停頓，也能同理孩子的情緒，並且提出可能的方案

有情緒是正常的，請記得給孩子空間，
讓他有機會練習處理自己的情緒。

供他選擇。小瑞能感受到妳的善意，也願意妥協，甚至能延遲這個改變到『下一次』，這也代表了他的進步。我覺得妳做得很好，先處理情緒再處理事情，整理好自己的情緒，同時照顧了孩子的情緒與需求，真棒！」

※

另外，一個長期被孩子欺壓與情緒勒索的媽媽，有段時間「硬」了起來，比較能堅持原則與立場，稍微能把互動的主控權抓在手中。當孩子想故技重施，卻發現無法得逞後，他在電話這頭再增加情緒強度對媽媽咆哮：

「為什麼妳對我講話的語氣要這麼硬（堅定），妳不要讓那個曲老師給妳洗腦！這些一定都是曲老師教妳的……」（阿建跟媽媽講電話時，我人就在旁邊，或許也是講給我聽的。）

結束通話後，我對於阿建之前的情緒宣洩不為所動，因為他並不是直接對我發脾氣，基本上我把自己當作處於平行時空（根本沒聽到那些歇斯底里的對話，也可以說我沒有把那些話當作是對我說的）。

5分鐘不到，為了剛才對我不禮貌的行為和言語，阿建主動跑來找我道歉。我跟他說：「有發生什麼事嗎？我沒聽到。」他瞬間鬆了一口氣，我們依然維持相互尊重的互動模式。

◆孩子的情緒大部分都是可控的

像阿建這樣情緒衝動，容易變成賽亞人和浩克的孩子，情緒來時基本上六親不認，攻擊過家長和許多主任、老師，但他對我異常的尊敬，因為我尊重他的喜好，會陪他買他喜歡的東西，也會聽他說他有興趣的事情。和他互動時，我的情緒都是平穩的，許多事情我們都能商量討論。

那個暑假和我們一起活動後（共同生活好多天），阿建自我控制的能力有了大幅度的提升，對於許多情境的理解與辨識，也比以往成熟許多。其實在深度相處後，我發現孩子的情緒大部分都是可控的，回到情緒行為問題本身來談，會有這些自爆的行為就代表行為背後本身有其功能性的意義。理解就能發展許多相對應的策略，甚至我們還能夠做到預防。

◆認識自我與接納自己的優弱勢能力

大林：「老師，請你先離開我一段距離，不要在我面前。我需要一點自己的空間，給我一點時間我就恢復了。」

我說：「好的，沒問題！我等你。」（說完後，我往前走了約20步，直到彼此視線無法交集。）

我聽到大林不斷的罵髒話……咒罵……，還用力將東西摔在地上。等到聲音平息後，我往回走。

大林看到我走回來後說：「老師，對不起！我已經很久沒有這樣失控了。」

我說：「你不需要跟我道歉啊，再說我也不覺得你失控喔！你只是需要發洩一下自己的情緒或是壓力。」

大林：「嗯，我以前就是因為不會發洩，在學校被同學欺負，我也不知道該怎麼辦，所以後來工作時被同事欺負就爆發了！那時候我開始傷害自己，最後被家人送去醫院……」

我說：「是啊！所以我並不覺得你今天失控。因為你已經感受到自己情緒的變化，在發洩前還很禮貌的請我先離開現場，我覺得你做得很好喔！每個人都需要出口，都需要找到發洩的方法，你的做法非常棒，在發洩前還會顧慮到其他人，真的很不容易！不過，我感覺你對於自己的狀態是擔心的，你是不是擔心會再回到當初那樣無法控制的狀態？」

大林：「對，我會怕！」

我說：「感受自己的情緒變化，接受自己的情緒反應，不要拒絕它，那是真實的自己，這需要練習。不需要否定自己，或是討厭那個狀態的自己，當你接受自己後，我相信會變得更有力量！」

大林：「好，我會練習。我有感覺自己是在進步的。」

我說：「是的，從你剛剛分享的狀態，我相信你是進步的。不管是醫生建議你減藥，或是看心理師的頻率，這些都是進步的象徵。」

大林：「好！只是有時候還是會想起來當初被同學欺負……」

我說：「不管你的狀態如何，我都要告訴你，沒有任何人有資格欺負你！這不是你的錯，不要責備自己。」

每個人擁有不同的先天特質與資源，我們要讓孩子認識自己的優點與弱勢，接受自己的所有狀態，珍惜自己所擁有的一切。

讓孩子理解，每個人的條件都不一樣，我們可以選擇看見自己所有的，進而活出自己；也可以選擇只看見自己沒有的，成天比較與抱怨。每個人的不同，沒有高低優劣，這些差異與不同，讓世界變得繽紛絢麗。找到自己擅長的，發掘自己喜愛的，認知到自己厭惡的，做自己是人生中最重要的事！

◆讓孩子學會和自己的特質和平共處

認識自己是一輩子的功課，這也是社會情緒學習中討論的「自我意識」。我一直相信X-Men系列電影是有意識在探討人的獨特性，就像最新一部《X戰警：黑鳳凰》（*X-Men: Dark Phoenix*）前面的10分鐘，X教授在意外事件後，引導小黑鳳凰逐漸認識自我，練習掌握自己的能力。小黑鳳凰希望X教授能治癒她，但X教授告訴她不可能，因為她並沒有壞掉！只是和其他人不一樣而已。

在輔導工作中，常會遇到有些孩子逃避面對自己，甚至把自己的特質視為恥辱。我相信這樣的心境和X-Men裡面很多角色小時候是一樣的。他們可能不被父母接受，不被學校環境接受，也可能不被社會接受，很多孩子甚至討厭自己。

影片中X教授送小黑鳳凰一支筆當作隱喻，筆本身是中性的，它有各種不同的功能，可以做好事，也可以用來做壞事。他想讓黑鳳凰知道自己的能力是中性的，人跟人之間的差異也是中性的，我們每個人能善用自己的能力去做好事，當然也可能會走偏，這一切關乎的是選擇，這是一種主動選擇！

我們需要的是讓孩子認識自己，學會和自己的特質和平共處，發展合適的策略讓他能夠面對自己的人生。

個人處理情緒和壓力的技巧與自我效能

社會技巧中「處己」的這個面向上包含個人處理情緒的技巧、處理壓力的技巧，以及自我效能。所以，要引導孩子分辨及表達自己與他人的情緒，讓他們能理性評估引發不同情緒的原因，並且有能力嘗試處理自己的情緒——分析不同處理方式可能引發的行為後果，然後根據情緒或情緒的強烈程度，選擇可被接受的方式表達自己的各種情緒。

有些人會將開心、快樂、愉悅定義為正向情緒，悲傷、難過、沮喪則定義為負向情緒，但我認為情緒是中性的，並沒有所謂的正向或負向。情緒是自然的，每個人都有情緒，它沒有好壞，但我們常會把行為與情緒混為一談，情緒後的行為若是負向的，我們就會誤把情緒標記為負向，這是一種人為的價值判斷。

舉例來說，生氣後對他人破口大罵，生氣是情緒，破口大罵是行為，但生氣一定就要破口大罵嗎？答案當然是否定的。我常鼓勵孩子，即使生氣也可以好好說。如果假借生氣的名義為所欲為，那代表你是在放縱自己！

情緒多半都是瞬間反應的，透過平時的覺察，可以讓自己對於外界刺激保持敏感度，也讓我們更能掌握自己的情緒反應。例如，感受到不開心時，停下來問問自己：是什麼樣的原因讓我覺得不開心？當我不開心的時候，會選擇怎麼表達我的情緒？不過情緒是複雜的，有時候也很難說得清楚，我們只能盡可能地描述自己的所見所聞。

情緒是因人而異的，雖然大家遭遇相同，但卻可能衍生各種不同的情緒。當我們有能力覺察自己的情緒後，要學習更細緻的辨識情緒，學習接納自己的情緒，不要因為情緒處罰自己。七情六慾是人的天性，不要刻意壓抑，情緒就像人生的調味劑，缺乏情緒的人生將會變得索然無味。

每個人都有一顆情緒暫停鍵，別忘記適時的使用它！

在狀態好的時候，外界的刺激對我們影響有限；但在狀態不好的時候，一點點變化就可能造成超乎預期的影響。一旦我們能夠覺察與清楚的辨識情緒，對於自身的情緒狀態就會有比較好的掌握，但也無須過度苛責自己，所有人都需要休息，鼓勵爸爸媽媽在面對孩子的情緒與行為問題時，能適時的暫停，給自己重啟的契機。

當情緒已經接近超過可以承受的範圍，請按下屬於自己的暫停鍵，給自己喘口氣。按下暫停不是認輸，而是善待自己。

Lesson 8

自主控制

生活被3C佔據的孩子

「如果我每天都可以盡情玩手機，那該有多好啊……」

「讀書好累，有些作業還要跟同學討論，我覺得做這些事情好麻煩喔……」

「我跟同學們都可以在網路上互動，不用真的約出去啦……」

放假的時候，爸爸媽媽想要邀孩子一起出門被拒絕，孩子對於生活中的大小事都沒有興趣，不僅厭惡讀書、寫作業，連課外的閱讀都提不起勁，空閒時間老是抱著手機與電腦，網路佔據他們生活的全部……。

這些年常遇到家長來求助，孩子小時候眼睛充滿亮光，為什麼長大後變得這麼不一樣？為什麼一支手機的影響力可以這麼大？

◆提升孩子內在動機，幫助他們找到自己所愛

就我觀察，很多孩子不是沒有動機，而是不知道自己要什麼。在成長的過程中，我們要讓孩子有能力找到自己所愛的，成就品格中所談的「熱忱」就是這個能力。方向是需要探索的，爸爸媽媽可以做的就是協助孩子創造機會，讓他們在生活中有更多不一樣體驗的機會。而我認為有效提升孩子內在動機的做法是：

提升內在動機 7 步驟

1 對孩子的能力有清楚的了解

↓

2 設定與孩子現有能力相當或高一階的挑戰

↓

3 依孩子能力設定調整接下來每一階挑戰的難度

↓

4 盡可能確保孩子在這個過程當中成功

↓

5 具體鼓勵孩子好的表現

↓

6 讓孩子體會付出努力後的成就感與滿足感

↓

7 透過語言的引導，強化行為表現與思維連結

舉例來說，孩子剛開始接觸籃球運動時，我們要先了解他敢不敢接球？能不能穩定的拍球（運球）？手有沒有力量將籃球投到籃框……等籃球方面的基礎能力，再依據各項訓練活動設定與其能力相當的目標，並在活動過程適時評估孩子各項能力的進展，逐步設定進階的挑戰。

活動中要讓孩子感受到籃球運動的樂趣，每項練習都盡可能確保孩子能夠展現自我的能力。比如孩子剛開始練習投籃，我們可以先讓他靠近籃框投球，增加中籃的機率。而當孩子有好的表現，我們可以具體的鼓勵他，讓他知道自己有哪些動作做得很標準。如果孩子在練習中非常投入，我們也可以鼓勵孩子的認真與投入。

練習的過程中，可以透過輔助性語言強化孩子的成就感。當孩子投不進球時，為他打氣：「還差一點！很接近了！我們再來。」看到孩子投進球，我們可以鼓勵讚美他：「nice！強！好準喔。」同時，也可以透過創造肢體上的互動默契，像是每投進一球就跟孩子擊掌，讓孩子感到滿足。

甚至在訓練結束前，刻意和孩子覆盤他剛才的表現，讓他理解自己動作與動作之間的關聯性，關注自己有好表現時的肢體動作。例如傳出漂亮傳球時，進一步和孩子

重點不是切斷網路，而是要訓練孩子自我控制的能力！透過適當的引導，網路以及手機、平板等載具也可以是幫助孩子學習的工具。

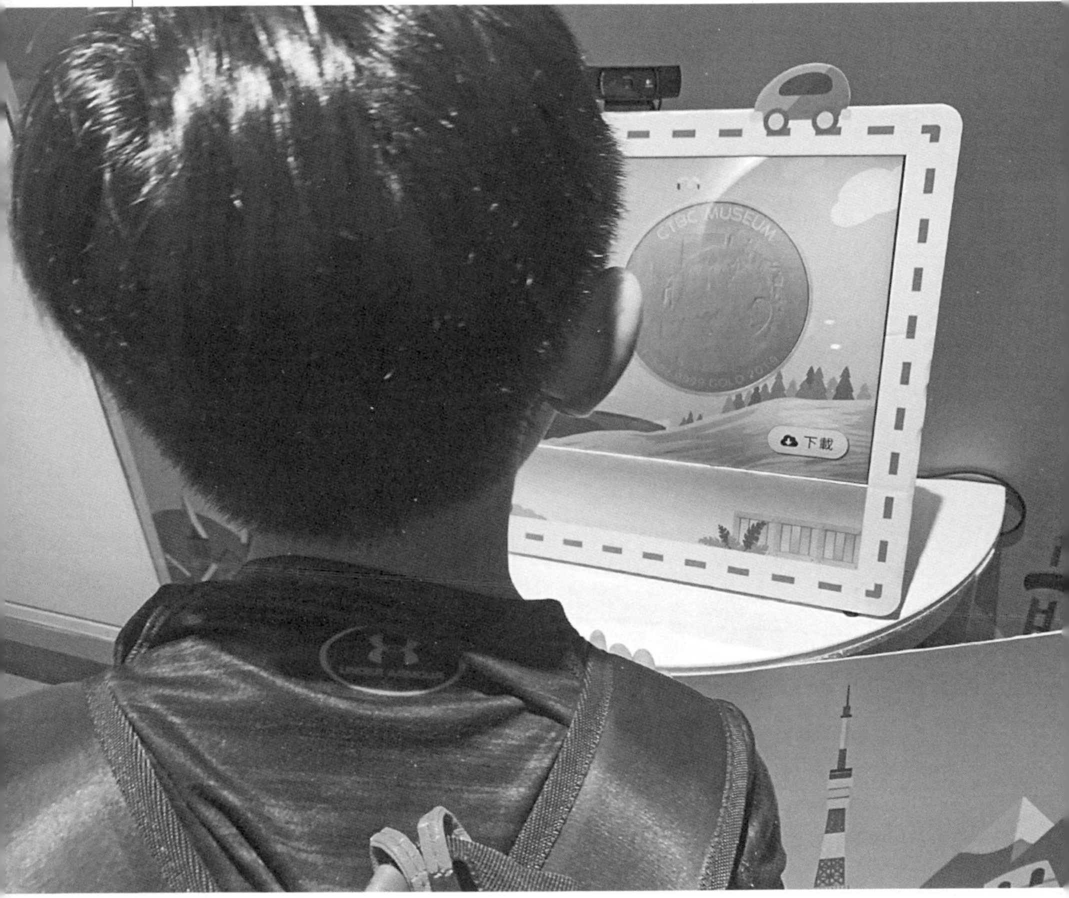

分析剛才場上的情況，「你把球傳給比自己機會更好的隊友，是很棒且無私的表現。」

手機、平板、電腦和網路是這個世代無法逃避的問題，但爸爸媽媽可以讓孩子理解「3C是生活中的一種選擇，而不是全部」。過度沉溺於網路可能會讓孩子學習動機低落，但只要透過適當的引導，網路以及這些載具也可以是幫助孩子學習的工具。所以重點不是切斷網路，而是要訓練孩子自我控制的能力！

有效使用線上資源是這個世代的基本能力，網路的確解構了過去的學習模式，創造更多的可能性，但在孩子成長的過程中，需要爸爸媽媽陪伴孩子養成自律性。

練習題 找出生活中的共通點

和孩子練習分享自己的生活，找出彼此之間10個共通點。

爸爸媽媽不要覺得孩子年紀還小無法理解，試著和他們分享自己平時的生活狀態，工作時解決的問題與遇到的挑戰，可增進彼此的認識與理解，在分享的同時也可以幫助自己反思自我的狀態。

Lesson 9

關係技巧

沒有朋友的孩子

「我覺得班上都沒有人喜歡我，在學校我不知道可以找誰說話……」

「我不知道該怎麼跟同學聊天，想約同學出門也不敢說……」

「我想跟他們玩……但是感覺他們不想跟我玩……」

曾經有媽媽跟我說：「老師，我的孩子沒有朋友！」

我說：「那我們就來協助他交朋友啊！」

媽媽：「古人說給他魚吃，不如教他釣魚！」

我說：「但是對一個快要渴死的人，難道妳還要教他挖井，而不是先給他一杯水喝嗎？」

◆協助孩子建立真實的友誼

很多時候孩子沒有朋友，問題不僅僅在孩子身上。家長在協助改善孩子自身問題時，可以先滿足他的基本需求，當孩子被環境善待，建立了正向的人際關係，我們就有機會從這些交往中磨練他的社交技巧。

不要只告訴孩子應該要怎麼修正自己。協助孩子建立真實的友誼，首先要讓他們感覺到交朋友沒有那麼困難，人際需求其實並沒有那麼難被滿足。

過去在工作室學習的孩子可以建立真實的友誼，但真實的友誼也會遇到現實的挑戰，這樣的經驗對孩子來說是重要的，真實體驗後的反思能增加孩子的經驗值。我曾協助孩子處理和異性交往問題、同學間彼此借貸、放學一起出去是否涉足不良場所⋯⋯等。但這就是人際關係的日常，我們要的不是讓孩子在溫室中發展人際關係，而是希望培養他們能有真實解決人際關係問題的能力。

大部分青春期的孩子受同儕影響往往大於父母或師長，對於原本人際交往、社交技巧弱勢的孩子來說，要在學生時期得到足夠的同儕刺激，很多時候需要大人協助。

孩子沒有朋友，問題不僅僅在孩子身上。
不要只是告訴他們要怎麼修正自己，
而要讓他們感覺到交朋友其實沒有那麼困難。

策略❶｜讓孩子理解友誼是勉強不來的

如果盡了最大努力，在交友方面仍然卡關，挫折感是必然的，但不需要責備自己，或是過度糾結。我們要讓孩子相信世界很大，一定可以遇到欣賞自己的人！在這個世界上，有人喜歡自己是正常的，不喜歡也是正常的。

在任何團體都會有小圈圈，有時候自己會在小圈圈裡面，有時候會在小圈圈外面。當自己在裡面的時候，可以試著發揮影響力，把這個圈圈變大；而當自己在外面時，則可以試著先改變自己。當然，也有權利選擇做自己，創造另外一個屬於自己的圈圈。

策略❷｜讓孩子理解人與人的互動建立在你情我願

不管自己付出多少或得到多少回報，心裡都應該認定這是一場公平的交易。如果為了成為某個群體的一分子，反而在過程中迷失了自己，或讓自己大受委屈，沒必要也不需要。

孩子在和我分享自己人際上的困擾時，彷彿這些挫折與失敗的經驗就是他們生命的全部，他們相信自己不可能改變，也因為這樣的相信，讓他們不斷的對號入座，不斷關注自己的不足。

孩子會說：「我很孤單，我是一個人際關係很差的人！」而這樣的觀點屬於「定型心態」，爸爸媽媽可以引導孩子覺察，是什麼樣的事件讓他有這樣的感受？為什麼「感覺自己現在很孤單」？

策略❸　讓孩子理解自己是「還沒」掌握與他人相處的方法

當孩子因某些事件心情低落或是陷入焦慮，很多時候是因為他的內心被這個單一事件佔滿了。但生活並非如此，我們要讓孩子意識到，他可以將自己的注意力放在生活中的不同經驗，別沉溺於單一的挫敗。自我的一部分，不應該用來詮釋整體。

當然，除了調整自己注意力的範圍之外，我們也可以靠創造真實的改變，以成功的經驗協助孩子扭轉原先的思維。

個人處理關乎他人的溝通、互動及衝突

社會技巧中與「處人」相關的能力包含能處理與他人有關的基本溝通、與人相處、兩性互動，以及處理衝突的技巧。

舉例來說，在與他人互動時，能表達或分享自己的意見，並適當評論對他人意見的看法，有能力結交朋友及發展長期友誼；與他人相處時，能尊重他人，分辨並拒絕不適當的言語或動作，能理解衝突情境以及當中的因果關係，妥善處理不同的衝突，這些都是社會技巧中關於處人的重要能力。

處人與社會情緒學習中的「社會認知」及「關係技巧」概念一致，可透過7個習慣中的雙贏思維、知彼解己、統合綜效來實踐。同理心是練習以他人的眼光來看世界，是觀點的選擇，提醒我們練習從多重視角來看世界。我們通常看到的只是一個觀點，而非唯一觀點。其實我們很難同理別人，除非是親身經歷。你有沒有用盡全力仍不被他人理解的經驗？這樣的感受通常發生在需要被你同理的對象上！即便無法同理，我們仍然可以選擇相信！

Lesson 10

關係技巧

不會告別的孩子

「我不知道怎麼樣和別人說『不』……」

「我要轉學了，但我不知道該怎麼告訴老師和同學……」

「女朋友跟我分手了，我難過得想去死……」

城城與女朋友分手，不吃不喝也睡不著，整個人失魂落魄。他不斷地哀求，希望女生能和他復合，沒日沒夜的傳簡訊、打電話，一天能夠傳幾百封訊息給對方。

而當他發現復合無望後，開始發怒咒罵，甚至出言威脅對方，這樣的行為讓女生感到恐懼……。

◆任何「關係」都從認識彼此開始

關係技巧是社會情緒學習當中一項重要的能力，在與城城晤談的過程中，我問了他三個問題，希望引導他思考自己是如何看待「關係」：

「如果是能力範圍內，做了不會讓自己非常不舒服，你為什麼不願意做？」

「如果對方是你在意的人，你也想要維持這段關係，在不是做不到的情況下，為什麼不願意做呢？」

「你連為自己在意的人付出都那麼困難？那就需要好好檢視自己如何看待這段關係了。」

※

不管是什麼關係，都需要從認識彼此開始，所以要引導孩子反思：

□我怎麼看待彼此？

□我希望得到什麼？

□對方需要什麼？

□我能做什麼？
□我願意做什麼？
□對方能做什麼？
□對方會願意做什麼？

這是一種人與人相處必經的過程，有人說這是磨合，需要有同理的能力，也有人管它叫做體諒。讓孩子理解**大部分關係都是我們可以選擇的，在維持關係的同時，不要忘記照顧好自己，關心自己的感受。如果覺得為他人付出是一件痛苦的事，就應該好好思考這是不是自己要的，因為當自我感受到痛苦時，對方應該也不會太好受。**

◆練習好好說再見

好好的告別是重要的，告別應該從日常生活中教起，善用分離的情境讓孩子面對關係的改變，培養他們有能力好好面對一段關係的結束。

我們很少有意識的教育孩子與他人道別，但是人生不同的階段都會面對不同分離的情境，像是參加完一個活動、分班畢業、出國念書，或是轉換工作環境、心愛的寵物離開我們，甚至最親近的家人離開這個世界……。

這就像心理學中提到的「未竟事宜」，指的是未完成的事情或關係，這樣的「未完成」容易讓人產生焦慮、後悔等不愉快的情緒。但即使我們知道告別是重要的，卻往往礙於面子、感受或一些莫名的情緒（尷尬），無法好好的面對分離。所以要把握每一次機會，讓孩子練習好好說再見，並理解每段關係都值得我們好好面對。

過去準備離開工作室的孩子通常有機會參與到最後一堂告別課。工作室中有些孩子正式的輔導關係長達10年以上，有些只有一面之緣，然而在面對一段輔導關係結束時，這個時刻是很重要的。很多孩子的離開是可預期的，像是一個教育階段或活動的結束，也有些孩子的離開是突然的，面對沒有預期的改變，我通常會跟孩子與家長爭取「最後一次」互動的時間，讓我有機會能跟孩子好好告別。

我想讓孩子理解，即使輔導關係結束，我們的關係不會結束。

因此，我希望好好的跟這些孩子說再見。

發起並維持與他人積極聯繫的能力

當我們能意識到個體之間的差異，意識到他人與自我的不同後，我們要有能力與他人建立穩定的互動關係，就需要提升自我的關係技巧。「關係技巧」談的不是要我們交許多朋友，而是要在必須與他人協作的過程中，掌握最基本的互動能力，而能妥善處理一段關係的結束，也是重要的關係技巧。

人際關係的最小單位是自我與家庭，成長過程中，我們透過與父母和手足互動，開始練習與「他人」互動。有些孩子會認為「一個人」也可以過得很好，這樣的想法與關係技巧屬於不同層次。當我們具備良好的關係技巧時，可以讓自己有更多的「選擇」，所以要讓孩子知道他可以選擇一個人，也能游刃有餘的和他人建立關係。

電影《型男飛行日誌》中，喬治・克隆尼將人與人的關係用「背包」來比喻，關係讓背包負重，越少的關係可能讓自己生活過得越輕省。沒有人需要別人才能活下去。但能進一步討論的是：如何活？

每個人都有選擇，讓孩子知道選擇帶來的後果也是自己要承擔的。如果孩子需要與他人建立和維持關係，我們需要教導他；如果孩子是需要學習覺察他人的需要，同理他人的感受，我們需要引導他。但，如果這是孩子自己的選擇，我們應該尊重他。

Lesson 11

社會認知

站在自己角度思考的孩子

「不知道大人為什麼會有這樣的想法……」
「不理解爸爸為什麼會有這樣的習慣……」
「為什麼爸爸媽媽總是要問東問西呢？」

爸爸是一個非常節儉的人，他之所以有這樣的習慣，是因為小時候家庭資源不足，過去他常會跟我們幾個孩子分享他求學時期可以一天只吃一個便當，準備大學聯考前能夠站在書店看完他想要看的參考書。

我們買給他的東西，他常常捨不得用，甚至有可能會放到壞掉；出門聚餐只要約在停車費稍微貴一點的地方，他很容易整頓飯坐立難安。而回想我小時候，每次想跟爸爸要零用錢，總是要提出完整說明才有機會拿到，那時的我不能理解爸爸為什麼這麼難搞……

◆真實的生活體驗能帶動個體多元的思考

小時候的我對爸爸這些要求難免心裡怨懟，但是等我上大學離開家，經濟逐漸獨立，才慢慢能體會爸爸的心理。在了解其成長經驗後，對於爸爸的行為也才真正開始理解，這些習慣根源於他的社會脈絡，是在成長過程中逐漸養成的。

學習心理學與從事輔導工作，促發自我成長經驗的反思，從我的經驗來看，真實的生活體驗能帶動個體多元的思考。**當孩子理解他人與自我的差異後，能夠培養尊重他人文化、習慣的能力，遵守與自我環境中不同的規則。**

每個人身處於不同的家庭與學習環境，從小在家庭教育的影響下，會自然而然地習得待人處事的方法，對事情有自己的價值判斷。當孩子進到一個新的環境時，面對不同的個體，就會產生價值與價值間的衝撞，也讓孩子開始更清楚的意識到自我與他

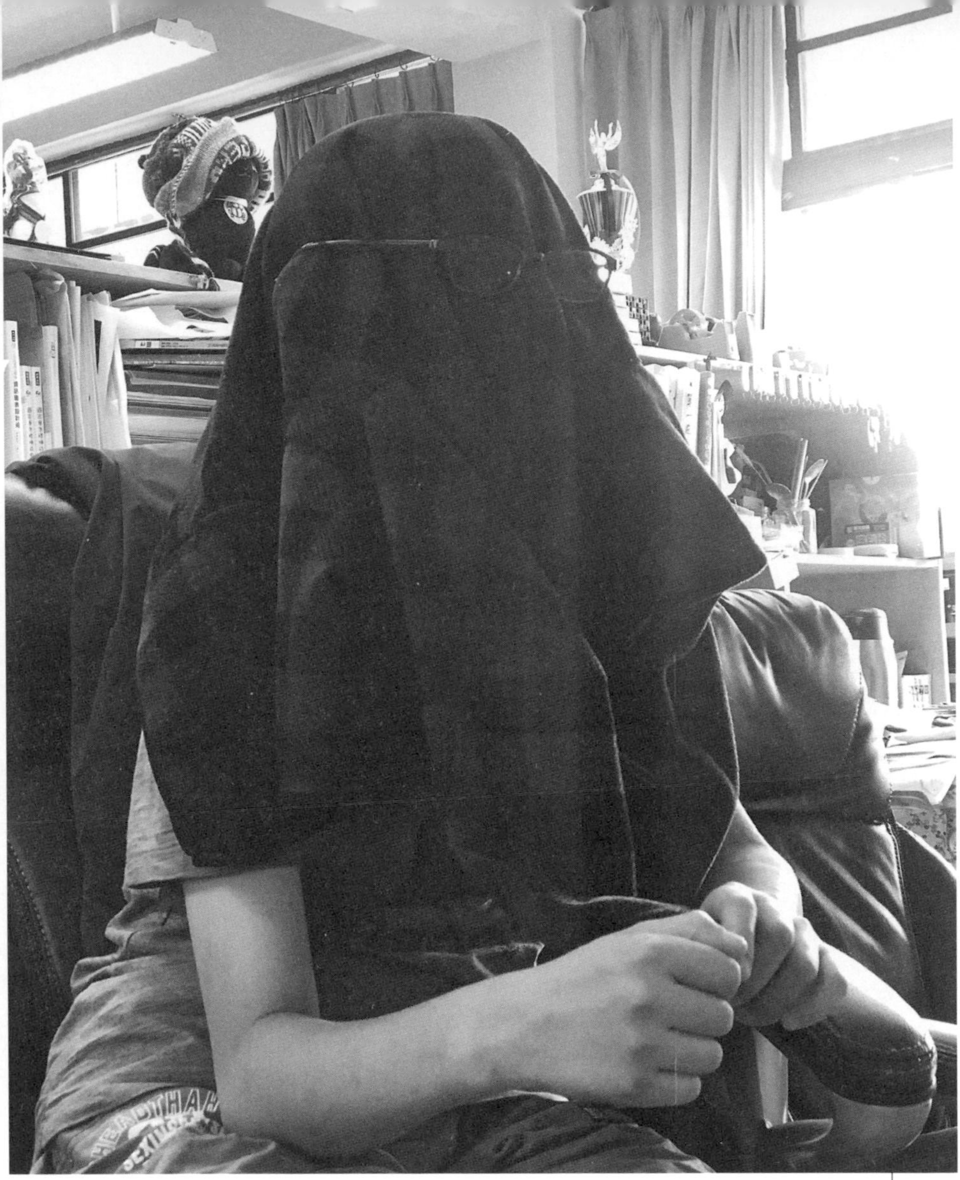

如果孩子缺乏社會認知能力，容易迷失在自己的小世界裡。
多元思考能力的培養，可從日常生活中的重要他人開始練習。

人的不同，自我概念也就在這樣的過程中建立。

◆培養社會認知的能力，理解他人的文化脈絡

社會認知的培養，幫助孩子更有能力看清楚自己身處的環境，也讓孩子具備和他人建立關係與協作的基礎。

如果只會站在自己的角度看事情，只能寄望別人來配合自己，生活圈就會變得狹小。所以，爸爸媽媽要讓孩子學會理解他人的文化脈絡，練習從他人的角度思考問題，進而欣賞彼此的差異。

對個體發展來說，社會認知是很重要的。我們永遠有機會進入新環境，與新的人建立關係，甚至會需要和一個陌生人變成熟人，甚至變成家人。發展成熟的社會認知有助於孩子對他人的理解，創造更和諧的人際關係，成就更圓滿的人生。

以多元視角審視情境，培養賞識多樣性的能力

大腦的發展從二元對立走向多元價值，絕大多數的孩子小時候都是二元論的，這樣的機制幫助我們更有效率的生存，辨別眼前的人是好人還是壞人，身處的環境是危險還是安全，連面對危險時生理最原始的反應——戰（fight）或逃（flight）都較接近這樣的層次。

很多時候我們無法了解事實的真相，或者可以說客觀並不存在，當中有太多複雜的因素，有太多人為的建構，化繁為簡是大腦天然的運作機制，但過度簡化的推論與批判是一種暴力。而隨著我們年齡的增長，大腦發育成熟，生活歷練變得豐富，我們的認知模式一樣會變得複雜，面對一件事情不再只是對或錯這樣簡單，開始可以透過不同的角度去看待同一件事情。

社會認知的層次，討論的不僅是從二元觀點走向多元觀點，更重要的是要能理解別人與我們的差異，還有造成這些差異的原因，「為什麼我會這樣想？他們不會這樣想？」這也是自我意識再一次深化的歷程。

Lesson 12

只考慮自己的孩子

負責任的決策

「我就是想這樣，難道不可以嗎？」

「我這樣做又不會影響到其他人，你幹嘛要管那麼多？」

「這樣做對我來說比較輕鬆，我一個人這樣又不會影響到太多人……」

曾經有家長與孩子一起來晤談，討論的過程中，我發現他們彼此都有許多怨懟：阿寬會在自己的房間裡抽菸，每次只要一開門，菸味就會四溢，而爸爸嗅覺敏銳又對菸味相當排斥，家裡氣氛常鬧得很不愉快……。

於是我嘗試讓阿寬理解，如果我們在意家人，當我們所做的決定（在房間抽菸）會對家人產生困擾時，未來有沒有可能讓自己有不一樣的選擇？

◆創造不舒服的情境，引導孩子換位思考

在與這類孩子相處時，我會在情境中刻意創造讓他感覺不舒服的狀態，比如：

❶在環境中擺放他不喜歡的刺激物

❷說些他不喜歡聽的話

當我們創造了不舒服的情境，讓孩子身歷其境，就有機會引導他覺察當下自己的感受，這時我會引導孩子跳脫自己的角度思考，反思情境中各種角色彼此的關係與立場。**同理心的訓練，感同身受的能力，很多時候光靠「說」是沒用的，「單純的說」只停留在認知層次，透過體驗式的學習，自然情境教學可以連結到孩子內在情感的層次，強化其感受他人感覺的能力，這樣的訓練方式會讓孩子更有感。**

練習題

默數到三才回應

不論任何刺激，在心裡數到三之後才回應，為自己爭取思考的時間。包括遇到生

幻世當空
恩怨休懷
舍悟離迷
六塵不

活中的事件，也要先練習思考對方會怎麼想？會有什麼感覺？爸爸媽媽也可以把這練習當作每一次與孩子互動時的暖身，讓自己習慣停頓，不要急著反應，我相信會有許多意想不到的收穫。

考慮自己和他人的福祉做出選擇

生活中常需要孩子做出決定，而做決定是學習負責任的開始。

「負責任的決策」是社會情緒學習第五個核心概念，它所強調的不僅是個體，也在乎個體與他人的交互作用。因此，在做決定的過程中，考量個體利益時，是否會照顧他人的福祉就變得非常重要。

若只考慮自我，不考慮他人，社會就會變得自私，世界就會變得狹窄．

沒有人可以獨善其身，或者是不顧他人死活，只把自己照顧好。從與他人的關係開始，到考慮與更大的環境互動，我們都不可能只顧自己。

包括溫室效應、全球暖化、環保議題、少數族群的問題……，如果只考慮自己，這些就都會是無解的難題。

Lesson 13

社會情緒

努力適應社會環境的孩子

「為什麼事情一定要照你說的方法做，就不能用我自己的方法嗎？」

「公司的要求也太多了，不需要規定得這麼嚴格吧！」

「老闆的要求太困難了，我覺得自己做不到，直接拒絕吧……」

這些年，陸續協助輔導幾位大孩子從家庭過渡到社會，從學校走入職場。

個案❶ 被開除是人生中重要的經驗

小愛就讀某私立大學企業管理系，必須在大四完成企業實習課程才能畢業。當時學校幫他安排了大型家具賣場的實習工作，負責在賣場排貨與維護環境的整潔。我和小愛的媽媽都認為這樣難度的工作對他不是問題，沒想到才實習一週，主管就通知小愛不要再來上班了。

當年的我也沒經驗，面對小愛突如其來被單位開除，我還真是一點心理準備也沒有，後來細究小愛不被職場接受的原因有以下幾點：

1 工作時的專注度無法持續

一般人能在10分鐘內完成的任務，他因為分心的關係，要花上二到三倍的時間。也因為不專注，他常會中斷工作，跑去上廁所或喝水。

2 無法落實被交代的工作

以掃地或是擦桌子來說，做很容易，但要做好其實不容易。尤其在高度要求環境整潔的企業，小愛在這些事情上都存在能做但無法做到標準的狀態，像是掃地只掃得到很大型的垃圾，擦桌子、擦展示的玻璃常會留存水漬在上面。

3 主管及同事們對小愛的特質不理解

經過我再次拜訪，賣場主管和同事紛紛反應「為什麼跟他講一次、講兩次，還是無法執行？」、「為什麼他每次都問一樣的問題，我已經回答過，他仍然重複的問，讓人感覺很煩。」而這也讓我發現到，社會普遍對自閉症特質的人群還不是那麼理解。

在面對他們時，需要有相對應的技巧。舉例來說，交代工作與要求時，指令要明確！不然很多自閉症特質的孩子根本搞不懂你希望他們做什麼。另外，有時候反覆說同樣的話，可能是因為他的社交技巧不好，想跟你交往但沒有方法；也有可能他遇到自己無法解決的問題，產生心理上的焦慮情緒。當周圍的人對小愛有足夠的理解，他在工作中遇到的困難就會降低。

小愛被開除後，我找了一位從事化妝品事業的家長幫忙，讓小愛到他們家的化妝品原料工廠實習。這次，我先陪小愛到工作單位了解他接下來可能會進行的工作，同時和負責工廠作業的主管與員工們認識。我向大家說明小愛的特質，讓他們知道小愛平時的行為模式、優勢的能力，以及工作上可能會出現的問題。

在開始工作的第一週，我跟小愛一起進入職場，學習他被分配到的工作。當我了解這項工作執行的目標與步驟後，就根據小愛的特性與現階段能力，重新設計工作的流程，並與主管討論目標進度的可行性，進行「職務再設計」。

經過一個月密集的訓練，等到小愛可以獨立作業時，我就撤除高密度的支持，同時將接下來和小愛每週討論工作狀況的時間告知單位主管，也歡迎他們共同參與。在這樣的努力下，小愛完成四年級的實習課程，最後也順利從大學畢業。

踏出校園後，小愛獲得政府提供身心障礙者的就業機會，目前已經在單位穩定就業超過九年。大四的實習經驗帶給他對工作的認識與養成工作心態，讓他知道進入職場後，如果沒有付出一定程度的努力，是很有可能會失去工作機會的。

換個角度想，若是當初小愛沒有被家具賣場開除，他可能對職場上的要求與壓力感受不會那樣明顯。對小愛來說，被開除是他人生中重要的經驗，這個經驗藉由適當的引導與協助，也幫助他確立正確的工作態度。

個案❷ 畢業五年仍然找不到工作

在小愛工作五年後，主動介紹了一位從小在機構訓練時認識的朋友給我。他的年紀跟小愛相仿，就姑且稱他為小寶吧！小寶讀的大學其實比小愛好很多，整體的能力也都比小愛來得優異，但他從大學畢業後一直找不到工作。小愛過去因為我的協助，讓他在職場上具備一定程度的信心，所以希望我也能幫小寶找工作。

經過一段時間的努力後，我發現小寶求職最大的困難有下面四點：

1 配合度差，按照自己的意志做事情

小寶在工作中無法配合主管交代的做事方法，常堅持按自己的想法做事。

2 作息不規律，無法遵守時間，情緒不穩定

睡眠問題造成小寶無法有好的休息，當然就沒有辦法在規定時間內到達單位。而睡眠不好，也造成小寶的情緒不穩定。

3 挑工作，對福利待遇要求高

對於自己沒興趣的工作，小寶都不願意嘗試。到新單位跟主管面試時，在還沒有被錄取的情況下，就會提出聖誕節不能上班等個人需求。

4 沒有承擔責任的意識

不太願意接受別人的建議之外，小寶遇到事情常會推卸責任，把錯誤歸咎在他人身上，也大大影響自己職場的人際關係。

個案❸ 工作連六換，求職路上碰壁不斷

近年來我協助找工作的另一個大孩子是小溪，他在高職畢業後不斷換工作，在認識我之前已轉換過六個工作。

相較於小愛和小寶，小溪是三個人當中各項條件最好的，但為什麼求職仍然常常碰壁，沒有辦法在一個單位生存下來呢？從他這些年幾次換工作的經驗，我將原因歸納為以下幾點：

1 對自己工作沒有足夠的理解，選擇的職業與自己能力不匹配

小溪換工作其中一個原因，是他發現自己無法學會職場中主管交代的工作，或是需要很多的學習時間，但這樣的狀態在一般職場中不容易被接受，也造成他工作上很大的壓力，最後不是自己選擇離開，就是被單位開除。

2 面對變化時不具備彈性

小溪做最久的一份工作是保全行業，有一次他要下班時，主管剛好從外面回來，要求小溪等他進屋後再下班。但小溪覺得已經過了下班時間，不理會主管的要求就走人，造成主管對小溪非常不滿，開始在工作安排上刻意刁難，最後弄得小溪受不了，乾脆主動離職。

孩子就業能力的培養可以從日常生活中做起，
平時盡可能地讓孩子練習動手做，累積實戰經驗。

3 對於工作有自己的期待

即使在小溪失業期間，他對於工作仍然有自己的期待與要求。不喜歡的工作，即使待遇不錯，環境安全，工作挑戰不大，他也不願意嘗試。小溪對工作的期待是要符合自己的興趣，朝九晚五，準時下班，週末不加班，合理的待遇，而且距離還不能離家太遠。簡單的說，小溪對「理想工作」有他的堅持！

◆在生活中培養孩子真實的生存能力

教育到底需要教什麼？我們的孩子到底需要學什麼？小愛、小寶、小溪三個大孩子真實的生命經驗，能帶給家長與教育工作者什麼樣的啟示？如果我們期待孩子長大成人後能夠自理與自立，努力的目標又該如何設定？對我來說，這幾個大孩子的生命故事幫助我反思孩子要在社會上生存，應該要從小培養以下幾個能力：

□基本的配合度

養成基本配合度對孩子未來就業有莫大的幫助，因為如果無法配合單位交辦的任務，沒有一個職場可以待下去。

□對自己的特質與能力有充分的認識

孩子成長的過程中，如果不能對自己有足夠的認識，長大後怎麼會知道自己適合什麼樣的工作型態？可以勝任哪些類型的工作挑戰呢？

□生活的規律性

包含日常作息、睡眠、情緒的穩定，這些都是穩定工作的基礎。

□基本的專注力與執行功能

專注力與執行功能是幫助大孩子能穩定與持續完成工作的能力。如果專注力差，工作效能也好不了，因此在成長過程中，家長需要協助發展相對應的策略，讓孩子能達到一定品質的專注。

□自我揭露的能力

讓周圍的人理解自己的狀態，這個能力是建立在個人對自我有一定程度的認識，讓老師、同學對自己充分理解，讓職場同事、主管知道自己的特質。彼此理解是化解衝突的最佳策略。

□主動解決問題的能力

遇到問題時，要能夠主動面對問題，找到解決的策略，並且要能主動求助，尋求適當的協助。

□接受彈性與變化

面對突如其來的狀況，心情能維持穩定。接受這些不預期的改變，重新再出發，是生存在職場當中的關鍵。

□對工作態度有正確的認識，對工作有更多元的理解

工作時要有認真的態度，對不同的工作都願意去嘗試。有時候需要跟現實狀態取得平衡，先求有了再求好，否則過度理想性只會讓自己陷入更大的焦慮。

・練習題・ 重新專注，建立自信

■練習把思緒拉回

每個人都會分心，成人的專注時間一次也不容易超過20分鐘，練習覺察到自己的

不專注，是讓我們有機會重新啟動專注的鑰匙。也就是說，當孩子意識到自己的不專注，就有機會讓自己重新專注。

■練習具體鼓勵孩子

鼓勵孩子是一個重要的技術，這需要不斷的練習。

我們可以鼓勵孩子的好表現，也可以鼓勵孩子努力，練習看到孩子的好，讓我們一起透過鼓勵，協助孩子建立自信！

關注孩子在不同環境的適應性與解決問題的能力

社會技巧第三個層次「處環境」提醒我們要關注孩子在不同環境的適應性，強調培養孩子適應不同環境及解決問題能力的重要性。

家庭通常是孩子第一個接觸的環境，其次是學校與社會。大家一定都同意，有些行為我們只會在家裡表現，對待家人與朋友是不一樣的，與父母相處和跟老師相處也是不同的。面對不同的群體，我們有能力選擇適切的互動形式，在不同的環境中，也能發揮自己的能力解決問題。所有人都需要有收拾殘局的能力，當我們不小心把事情搞砸，結果不如己意或出乎意料時，我們是否有能力減少損失？面對問題需要實事求是與接受現實，才有機會讓壞事變好事！而要讓孩子有能力解決問題，爸爸媽媽就要給孩子機會練習與嘗試，很多能力是在犯錯中養成的，不要因為擔心孩子因錯受挫就過度保護，這樣只是剝奪孩子成長的機會。

★

過去帶孩子旅行的經驗，讓我可以很清楚的認識到孩子與家長的依附關係，以及面對問題與解決問題的能力。到底是孩子離不開爸爸媽媽，還是爸媽不願意放手？我看過有的媽媽會每隔30分鐘不到就跟孩子聯絡一次，有的孩子會照三餐給媽媽打電話。而爸媽關心的面向包括吃飽了沒有？有沒有喝水？有沒有聽老師的話？東西有沒有保管好？有沒有和其他孩子起衝突……這樣的遠端遙控剝奪了孩子培養生活自主意識的能力，也讓孩子無法練習獨立思考與解決問題。

我同意向爸媽求救是一個孩子面對問題時的處理策略，但那也只是其中的一種策略。在《如何養出一個成年人》（*How to Raise an Adult*）這本書中提到：手機是世界上最長的臍帶，它讓孩子無法切斷與媽媽的聯繫。但我發現其實不限於手機，可通話的手錶、可上網的平板，以及各式各樣的載具與通訊軟體……只要能連線上網就會陷入相同情境。

遇到問題的時候，孩子心裡想的應該是「我可以如何解決這個問題？」，而不是「媽媽會希望我如何解決這個問題？」我從許多大孩子身上也看見爸媽過度遙控產生的副作用，有些孩子變得不敢做決定，有些孩子甚至沒有能力做決定。一旦沒有人告訴他該怎麼做時，孩子就變得裹足不前。

生活的自我意識是需要刻意培養的，孩子的依賴是可以理解的，家長階段性放手是提供孩子成熟的機會。孩子可能會犯錯，但只要有好的引導與反思，這些錯誤就會變得有意義。

第二部

生活即教育

這是十多年來，孩子們送給我最好的禮物。

生活是最好的教育！就像實用主義大師杜威（John Dewey）所主張的：「教育即生活，生活即教育。」有懂教育的人在，教室其實無處不在！用生命影響生命，可以帶給孩子最真實的感受。大人在孩子面前不是聖人，也不完美，一樣有喜怒哀樂，一樣會做錯決定，但我希望讓孩子理解，生氣也能好好說，錯誤的經驗是寶貴的，自然情境教學、隨機教學與體驗學習的核心理念皆是經驗與反思的連結，這樣的教學模式能夠幫助爸爸媽媽培養孩子社會情緒學習的能力。

什麼是自然情境教學？

顧名思義，自然情境教學法是在自然的情境中落實教學，過去多應用在語言訓練上，在自然的互動情境中誘發孩子的主動語言，提升他們的溝通能力。經過轉化後，自然情境教學法不只能用在語言訓練，對於社會情緒學習、社會技巧及品格力的培養都非常有幫助。

所謂自然情境，泛指孩子所處的任何環境。換句話說，只要理解這套教學模式，學習與訓練就會變得無處不在。

自然情境教學法包含四個核心概念：

❶與傳統的溝通訓練相比，更注重在自然情境中產生溝通行為，而非安排在隔離、高度控制的場所中，使用人為情境實施個別或小團體的訓練，學習教導者已經設計好的溝通技能。

❷強調教學必須在自然的情境當中進行，並以功能性內容為教學重點，結合強化、逐步養成、模仿等行為改變技術，促進孩子的自發性與類化能力。自然情境教學通常發生在日常生活情境中，以學習者為中心，透過學習者有興趣的事物進行引導，給予提示與強化增進學習動機。

❸具有明確的教學目標，教導者須隨時注意自然情境中相關反應結果，教學著重教導者和學習者間持續不斷的互動交流。過程中教導者細心觀察孩子，確認其「可教導的時刻」，給予適當提示，讓孩子在自然情境下習得關鍵能力。

❹可以有效提升孩子「類化」的能力。早年我有多次失敗的教學經驗，在教室內模擬訓練情境，孩子可以在教室中反應，卻無法類化到生活情境中。這也讓我反思孩子們到底需要的是什麼？我們該如何有效的協助他們學習？因此，現在我的教學模式

更強調觀察與理解，讓孩子進到真實環境的場域，看看他們會遇到什麼困難，不急著介入指導，直到收集足夠資訊，對孩子的能力與需求有更真實的理解，才開始設計課程方案。

如果是一個社交能力弱勢的孩子，爸爸媽媽應先思考孩子需要學習什麼樣的社交技巧？是把社交技巧訓練手冊全部練習操作一次，還是理解他可能遇到的社交問題後再對症下藥？面對情緒管理能力較差的孩子，爸爸媽媽也應該先理解可能誘發孩子的環境刺激為何，才有助於規劃適切的訓練與改善計畫。

什麼是隨機教學？

隨機教學是自然情境教學的核心概念，用來提醒教導者要能夠把握環境當中可以教學的機會，或者也可說是孩子目前最迫切需要改善的目標。當教學的機會出現了，爸爸媽媽就要好好把握。

這個概念是由學者Hart和Rogers-Warren在一九七八年提出，常使用的策略包括：示範、提示—示範、時間延宕。

透過「時間延宕」誘發孩子的溝通企圖，所謂時間延宕就是拖延，有時候需要有技巧的拖延，爭取反應與處理的時間，讓目標行為能夠被有效的處理。「示範」是要讓孩子知道他可以怎麼說？可以怎麼做？有時候也可以應用「提示與示範」，引導孩子能夠更獨立的反應我們期待的行為。

如果要用一句話簡單總結隨機教學的概念，就是大家耳熟能詳的「機會教育」。一個有教學經驗且理解孩子狀態的教導者，是可以主動創造教學機會的，如果爸爸媽媽還無法主動創造機會，更要好好把握眼前的機會。

什麼是創造教學機會呢？舉例來說，如果有一個孩子本身情緒管理能力較差，可能有很多人會告訴他，生氣的時候要深呼吸，或是其他生氣時調整自己的方法。但我的經驗是，這樣的訓練只停留在認知層次，停留在理性層面，然而情緒來的時候，我們往往不是處在認知與理性層面。我相信實戰經驗的重要性，要讓孩子在生氣過程中練習控制自我的情緒，我會有意識的在「課堂」中創造孩子發脾氣的機會，這樣的做法會使我們的引導變得更有意義，讓孩子在真實經驗中練習控制自我，而不只是停留在紙上談兵。

什麼是體驗學習？

經驗加上反思才是學習，透過直接參與和反思，會對學習者產生意義與價值。體驗教育之父杜威強調「做中學」（learning by doing），他認為所有教育是由經驗中產生，並強調反思在體驗教育過程中的重要性。

體驗教育的歷程包含：學習者在學習過程中是參與者而非旁觀者；學習活動出自於個人想要表現自身的能力、參與以及負責任的動機；學習者在學習活動中獲得自然的結果，學習是真實且有意義的；學習者的反思是學習過程的關鍵要素。而體驗教育的學習分為**體驗**、**反思**、**分析**、**形塑**、**應用**等五個循環：

❶學習的起點或知識的獲取是來自個體的親身體驗，這種體驗可以是直接體驗，即個體透過做事獲得的感知。

❷反思是將個體體驗中的「知識碎片」進行回憶與整合，把有限的經驗進行歸類與條理化的過程。個體在體驗中，藉由反思與檢視問題產生觀點，並與過去生活的體驗產生連結，得到問題解決的方法。

❸分析是將想法與體驗透過歸納形成概念，做為未來解決問題的應用，有助於個

人面對新情境的挑戰、反應與適應。

❹形塑的重點在於教導孩子新的方法取代原本不好的方法，或者是改變環境的條件，讓孩子不再重蹈覆轍。

❺運用過去的體驗，把所學的知能應用於未來生活中。這個階段著重於將體驗應用到正確的情境，實際施行或有意義的運用於個人的日常生活當中，也可以說是一種類化的過程。而與孩子關係好的爸爸媽媽，每天和孩子相處的時間多，更有機會在日常生活中創造孩子練習（再次經驗）的機會。

舉例來說，讓孩子學會管理金錢與使用金錢是一件非常重要的自理能力，每次出門我都會讓孩子自己保管攜帶的金錢，並讓他們練習付帳，藉此訓練孩子對金錢的意識與自我管理。因為幾次與孩子外出活動時，我發現很多孩子對金錢沒有概念，有些在買東西之前不會注意口袋的錢是否足夠，甚至有的孩子是付了錢之後不會找錢，而要有效的讓孩子意識到金錢的重要性，就是透過體驗學習讓孩子練習自主管理。

「這些我在家中就可以跟孩子進行模擬訓練了。」一定會有很多爸爸媽媽這麼說。這樣的說法我完全同意，這幾年來的經驗累積，讓我更願意選擇帶孩子進到真實的

「場域」中學習。透過讓孩子去現場**體驗**（實際使用金錢），觀察他們還欠缺哪些方面的能力，清楚孩子需要什麼樣的引導與協助，再藉由跟孩子共同進行**反思**（在消費之前確認自己有多少錢？是否有足夠的金錢可以購買想要的東西？）和**分析**（所有的消費情境應該都要運用前述的思維，這與生活中收支平衡的概念有關）討論，以及進一步**形塑**（教導孩子如何確認與判斷自己攜帶的金錢是否足夠，以及「想要」與「需要」的差別）與**應用**（再創造實際消費機會），讓孩子的能力得到更實質的提升與進步。

有質量的反思引導，有助於孩子未來將這樣的能力類化到其他情境中，而系統化的進行體驗學習，可以使得真實的能力被提升與鞏固。簡單的說，體驗教育是讓孩子透過實際經驗去學習，並透過反思深化這樣的學習經驗。

108課綱強調「核心素養」教育，所謂核心素養，是指一個人為適應現在生活及面對未來挑戰所應具備的知識、能力與態度，強調學習不宜以學科知識及技能為限，而應關注學習與生活的結合，透過實踐力行彰顯學習者的全人發展。也就是說，核心素養的學習應落實在真實情境之中，而這與我長期實踐自然情境教學與體驗學習的精神一致。

1 透過營隊活動的自然情境實踐體驗學習

從二〇〇八年開始，我就陸續利用寒暑假舉辦營隊活動，讓孩子能夠離開家庭與父母親，獨自在外面學習與生活。

起初我的目的很單純，只是因為有許多孩子寒暑假沒地方去，但隨著經驗積累與自我反思，我發現帶孩子旅遊是非常有學習意義的活動，對於培養孩子的社會情緒學習能力也有實質的幫助。

堅持了十多年，我發現過去的努力是非常有價值的，當年簡單的起心動念，無形中讓我累積許多實踐自然情境教學、隨機教學與體驗學習的經驗。這幾年我開始更有意識的設計活動，讓孩子能夠在真實環境練習生活自理，提升與他人生活及互動的能力，以及獨自解決問題和練習調節壓力與情緒。

◆用十天的辛苦經驗去換取孩子的進步是值得的

這些年活動的地點從居住的社區擴散，隨著每年的舉辦，地點也陸續從臺北市擴展到新北市、宜蘭市，甚至在二〇一六年拉到北京市、南京市、成都市，最遠甚至到了內蒙古。活動時間從最短的3天到最長的10天。

還記得在內蒙古帶孩子在沙漠種樹那次活動中，一位大孩子的表現讓我印象很深刻，他除了希望所有的活動安排都以他為中心外，也非常的挑食。

這個大孩子吃不習慣大陸的食物，希望主辦單位準備他喜歡的食物，但這個請求被我拒絕了，因為我期待孩子在團體活動中能配合團體規範，儘管食物不是自己習慣的，也要盡可能配合著吃，而不是指定他人為他單獨準備。但是這個孩子相當堅持，每餐飯只吃自己能接受的饅頭和雞蛋，而且只要一到吃飯時間，一定會在大家面前發脾氣，目的就是希望我能夠妥協。

十天的活動結束後，這個大孩子在飛機上告訴我，這趟旅行讓他學到了「忍耐」與「配合」。最令我驚訝的是，回到臺灣後，他挑食的習慣有非常明顯的改善，飲食的彈性被拉大許多。對我來說，用十天的辛苦經驗去換取孩子的進步是值得的，我們真實的讓孩子經驗到團體生活，體驗在團體生活中可能的不方便，體驗一個不怎麼舒適的生活環境，也感受到不是全世界的人都和自己的爸媽一樣，不會因為吵鬧發脾氣，需求就被滿足。

◆具體實踐搭配反思與分析，意義就會提高

透過活動中的討論與反思，強化孩子群體生活的意識，我能感受到孩子們對生活的適應力提升了。

他們不僅更深層的認識自我，自主管理的能力也有明顯的提升，開始能夠站在不同人的立場思考，這些都是社會情緒學習核心的能力。

我們帶孩子去沙漠中種樹，帶孩子去淨灘撿垃圾，目的就是讓孩子能夠為這個世界貢獻一己之力，意識到自我存在的意義，和世界產生真實的關係與連結。社會情緒學習其中一個核心能力「負責任的決策」，談的就是這樣的概念。

我們在做決定時能否考量到其他人？這個「人」，是抽象的概念，也可泛指全世界的人類。

當孩子種下一棵樹，他能夠減緩沙漠化；當孩子撿起海灘的垃圾，他可以維護大自然環境，這些具體實踐再搭配反思與分析，意義就會提高。孩子不但知道自己是有能力的，更清楚知道自己和這個世界的關係。

2 我自己也是體驗教育的實踐者

二〇一六年九月，我帶著兩個臺灣的孩子前往大陸參加「不孤獨的行走」活動，我們一行人從遼寧省的丹東出發，沿著海岸線，靠著徒步與滑板車，移動到了海南的三亞，全程歷時四個月，這是我對自然情境教學、隨機教學和體驗學習的具體實踐。

愛因斯坦曾經說過：「我從不教導我的學生，僅試著提供最佳的學習場所。」我相信這樣的方式對孩子有正向的影響——透過真實的經驗協助孩子培養技能。讓孩子身處一般的環境，培養他們真實生活的能力！

自然情境教學當中最關鍵的一個環節，其實取自於體驗教育的精髓。在孩子經驗後，陪伴者要有能力帶他們反思這個行為帶來的影響，不管這樣的影響對孩子來說是好的還是不好的，我們都要耐著性子讓孩子體會。

參加「不孤獨的行走」活動，
與孩子一起用滑板車經過大陸東北。

舉例來說，如果參加活動的孩子習慣賴床，到早上規定的起床時間還不起床，在幾次提醒後，我會選擇讓孩子經驗到賴床的後果，像是無法吃早餐或上學遲到，事後再和他討論沒吃早餐的感受，以及未來如何避免這樣的情況再次發生，比如一起討論準時起床的策略。爸爸媽媽可以讓孩子有機會練習，透過這樣經驗、反思以及協助孩子分析，進而形塑一個新的行為模式，讓孩子能夠運用在未來的生活中。

◆追求學習者的效能，而非只是效率

自然情境教學與隨機教學不僅能用於語言學習，這樣的理念更應該廣泛地用在孩子的日常訓練。包括體驗學習，這三種訓練模式儘管讓人質疑教學活動處於被動、沒有效率，甚至不可能所有的事件都讓孩子去經驗，但我相信學習者應是學習的主體，學習發生於學習者的背景知識與眼前事件交互作用的歷程。換句話說，學習本身就是一個建構的歷程，教學活動處於被動，更積極的意義在於讓教導者回歸以學習者為中心的教學思維。

爸爸媽媽要記得，真實的情境常常是可遇不可求的，隨機教學並不是完全的隨機，而是可以透過事先的計畫，主動創造教學情境，讓孩子去經驗。自然情境教學、隨機教學與體驗學習所追求的，是學習者的效能，而非只是效率。透過日常生活的實際體驗，以及爸媽的機會教育，再藉由反思去深化這樣的經驗，將有助於提升孩子的真實能力。

◆挑戰孩子能力的極限，練習脫離舒適圈

面對類化能力較弱（同一行為或能力在不同情境下不容易重現）的孩子，更要讓他們走出教室，走出封閉的溫室，真實的認識這個世界。過去的經驗告訴我，我要堅持帶孩子到真實的場域練習，而這也是我持續寒暑假規劃舉辦營隊的原因之一。在訓練過程中，我會盡可能讓孩子接受比自己現有能力高一階的挑戰，讓孩子在安全的狀態下練習脫離舒適圈。

我們都知道若想讓孩子成長，就要試著挑戰能力的極限，這麼做一定會讓他們暫

時失去安全感，甚至感覺不舒服。但我們清楚這樣做的意義：**讓孩子身處一般環境，才能判斷他們真實的能力，在現有的基礎向上提升。**孩子在過程中難免會犯錯，爸爸媽媽要運用自然結果，讓他經驗自己行為的後果，學習為自己負責與承擔後果。

◆要讓孩子學會，就要放手讓孩子去經驗

透過體驗教育的形式，讓教學與學習更為自然與生活化，憑藉老師與學生之間相互了解與互信，把握隨機教學的機會，提升孩子的能力。即使這樣的做法具有不確定性，但我相信孩子的進步要奠基在真實的生活中，而爸爸媽媽可以因為了解孩子，更有效地創造學習的自然情境。

所有的教學都脫離不了目標

儘管教學落實在生活與陪伴中，強調隨機教學與體驗學習，但在理解孩子的特質、狀態與需求後，爸爸媽媽仍然需要設定教學的目標，同時創造檢核這些目標是否

達成的機會。雖然說好的引導反思倚靠經驗與對孩子深度的理解，但是所有人的起點都一樣，只要開始做，我們就會越來越有經驗！

關鍵在「人」，爸爸媽媽你準備好了嗎？

要能落實自然情境教學、隨機教學與體驗學習的整合模式，最重要的關鍵是「人」。需要有理解孩子的大人，而這個大人要跟孩子有好的關係，這個教學模式才有可能發生。為什麼這樣說呢？**沒有好的親子關係，爸爸媽媽很難引導孩子反思。**試想，如果每次孩子犯錯就遭到嚴厲的批判或處罰，他還會願意跟你一起反思嗎？當爸爸媽媽具備足夠的穩定性，對孩子有清楚的認識，有敏感度，能覺察孩子的變化，這樣的教學模式才有可能真正落實在生活中。

孩子年紀還小，認知能力較落後怎麼辦？

有些家長會擔心孩子年紀小，認知能力落後，根本沒辦法有效的進行反思，那這些教學法是不是就不適用了？以我的經驗，對於年紀小的孩子，可以聚焦在「自然後果」與「邏輯後果」的體驗。所謂「自然後果」，就像天氣冷不穿外套出門，感冒了，孩子要承擔感冒後的不舒服；「邏輯後果」則是在事前已經有充分討論，但孩子仍然選擇自己認為好的方法去執行。

舉例來說，我們常常有機會帶孩子外出運動，每次出門前我都會提醒大家要記得帶水，不然走到一半口渴會沒水喝。但仍然會有人選擇不帶水，當他走在半路口渴時，他需要承擔的就是邏輯的後果。而當孩子承擔自然後果與邏輯後果的同時，老師（或爸爸媽媽）不是在旁邊幸災樂禍，要做的只是提醒孩子接受這樣後果帶來的不舒服或是不便。

3 社會情緒學習與品格力的培養根植於真實情境

透過自然情境教學、隨機教學與體驗學習的教學模式，有助於孩子品格力（非認知能力）與社會情緒學習能力的涵養。

◆ 孩子在學校受刺激打同學，你會怎麼做？

以情緒行為的訓練為例，當孩子說錯話，被同學嘲笑後，動手打了同學，處理過程可分五個階段說明：

❶**體驗階段：**孩子因為說錯話，同學發現後覺得很好笑，笑個不停。這個時候孩子感覺到困窘、不好意思、難為情、丟臉，他不知道該怎麼辦，希望同學不要再繼續

笑，就出手打了同學。關於這個問題，我們可以這樣來分析：孩子對於當下難為情的情境（**同學不停的笑他**）不知道該如何處理（**刺激**），希望同學能夠停止，所以出手打了同學（**反應**）。

❷**反思階段：**引導孩子思考自己怎麼了？當下他聽到什麼話？感受到什麼？自己的感覺怎麼樣？後來選擇用什麼樣的方式回應？得到什麼樣的結果？

❸**分析階段：**引導孩子思考還有哪些類似情境（**刺激**）會促發自己有這樣的感受和情緒？這些情境其實都反應了同一種行為模式，就是「當我感受到不舒服，我會選擇用一樣的方式（**打人**）回應」。這樣做的意義是協助孩子拉高一個層次思考問題，總結自己在相似情況產生一樣不適當的反應。

❹**形塑階段：**引導孩子思考自己有這樣的感受和情緒時，除了打人之外，還可以怎麼做？這個階段會應用正向行為支持的理念，我們要教導孩子用好的行為去替代他現在不好的行為（**打人**）。

——當我因為說錯話，被旁人取笑，我可以用輕鬆詼諧的方式帶過。

——我可以跟同學認錯，告訴大家我不小心說錯了，請不要再笑我。

——我可以讓同學笑一會兒，自己先放空，不要看著同學。

……

當然，爸爸媽媽可以和孩子討論，把這個情境的主角換成他人，讓孩子幫別人想辦法，面對這樣尷尬的情境，還有許多可能的做法！

❺應用階段：讓孩子再次經驗到相似的情境。如果這是孩子的「老問題」，我們可以刻意創造情境，讓孩子練習面對。

錯誤也是成長過程中的重要經驗

每個人的成長過程就是不斷地在犯錯，然後從挫敗的經驗中學習成長。

如果我們認同這樣的理念，孩子犯錯時，我們就會更有耐心，將錯誤的經驗當作孩子成長的養分。但如果我們急功近利，或者不願意實事求是的面對錯誤，那要落實這套教學模式是不可能的。所以我常提醒家長，不要怕孩子吃苦，要鍛鍊他們生命的韌性，創造一個允許孩子犯錯的環境，讓他們從經驗當中學習；不要急著給答案，要讓他們練習解決問題。

專欄・Column

不要讓孩子像賽利格曼實驗中那隻可憐的小狗一樣

孩子如何習得無助？如何學會放棄？

正向心理學大師馬丁・賽利格曼（Martin Seligman）進行電擊狗的實驗。他將實驗分成A和B兩組：A組的狗對電擊無法控制與預測，實驗人員會隨機且無規律的對狗實施電擊；B組的狗在一定程度上有控制權，像是對狗進行有規律的電擊，或給狗設置逃脫條件以躲避電擊。結束第一階段實驗後，狗狗被放進一個箱子裡，箱子中間由一道低矮的隔板隔開，研究人員在箱子的一邊通電，另一邊不通電，狗狗只要跳過中間的隔板就可以避免遭受

▲「習得無助感」（learned helplessness）的實驗箱。

電擊。實驗開始後，A組的狗狗不會跨過隔板到另一邊去。

為了進一步探究該現象，塞利格曼又進行一項新實驗，將新加入實驗的狗狗分為三組：第一組將狗狗繫上鏈子一段時間，不進行電擊；第二組將狗狗繫上鏈子後進行電擊，但是狗狗可通過鼻子按壓面板，以避免遭受電擊；第三組繫上鏈子後進行電擊，但狗狗無法避免電擊。當這三組狗狗完成上述實驗後，將牠們依次放入半邊可通電的箱子中，第一組和第二組的狗很快就知道只要跳過隔板就能避免電擊，但幾乎所有第三組的狗狗從頭到尾未試圖跨越隔板。因為狗狗基於之前的經驗意識到自己根本無法躲避電擊，於是放棄嘗試。這就是心理學界非常有名的習得無助感實驗。

如果將場景轉換成家庭裡，主角變成我們的孩子，試著想一想，如果孩子在家庭或學校環境內也跟箱子裡的狗一樣，一犯錯就不斷的遭受電擊（失敗），在人際關係方面失敗，在學習上挫敗……。長時間的失敗，會讓孩子感到無助，擔心自己未來可能變得跟箱子裡的狗一樣，一動也不動！當他真的受不了的時候，甚至會選擇逃離校園，排斥學習（拒學）。

仔細想想，還真的很多孩子的處境就跟賽利格曼實驗中那隻可憐的小狗一樣。而我們要如何讓孩子免於落入習得無助的負面循環呢？身為家長或是教育工作者，我們要清楚知道，營造怎麼樣的學習及生活環境，讓孩子在遭遇挫折與失敗後仍然有能力站起來。願意持續努力，保持學習熱忱，是我認為比較重要的，在終身學習的時代，不能讓孩子還太小就打壞學習胃口，喪失探索這個世界的熱情。

★

賽利格曼在他的研究生涯中提出「正向心理」的概念，認為正向心理能幫助個體突破困境，品格力（成長型思維、自我控制、社會智能、熱忱、熱情、感恩、樂觀、堅持、好奇心）對個體發展有長遠且重大的影響。品格力又稱為「非認知能力」，是可以培養的，比較偏向過去所說的「軟實力」，談的不是道德或美德。

在我求學過程中，「定型心態」對我小學和中學的學習有著深刻的影響。由於本身有注意力缺陷過動症的特質，造成我在聽課時容易恍神，不專注，使得我在數學概念的學習上有落差，久而久之，學習表現明顯跟不上，當時的我認為自己應該就是天生無法學好數學，本身數學學習的能力就比其他人來得差，也因此開始逐漸放棄數學的學習。

這樣的情況持續到高二，當我真正面對數學的學習時，有了很大的轉變。給自己機會加上成功的經驗，讓我在數學學習上產生質變，同時開始相信，其實很多自己認為做不到或不擅長的事情，大部分都是定型心態在作祟。成功應用成長型思維的經驗，使我在面對其他挑戰時，都能適時鼓勵自己突破，勇於嘗試，也讓我獲得不少成功的經驗。

4 品格力是改變孩子一生的關鍵

開始對品格力好奇，源自於二〇一四年與誠致教育基金會一同參與「知識就是力量計畫」（KIPP, Knowledge is Power Program）年會的學習。二十多年前，麥克・芬柏格（Mike Feinberg）與大衛・李文（Dave Levin）為改變美國公立學校功能不彰的問題，開始推動知識就是力量計畫，目標是幫助經濟弱勢，尤其是有色人種的低收入社區孩子。這些孩子因為家庭經濟因素，以及在公立學校系統無法得到足夠的支持，導致他們中輟的比率高，且上大學的比率遠低於一般學生，長期下來，教育成為複製階級的工具，這些「窮」學生將無法改變自己的命運。

麥克和大衛認為透過建立有效教學與有紀律的學習環境，能幫助孩子習得所需的知識技能，並且形塑品格和改變習慣，翻轉自己的人生。當我在關注 KIPP 教育的核心理念時，發現品格力是改變這些孩子一生的關鍵。

KIPP長期與正向心理學大師馬丁・賽利格曼合作，聚焦在能有效改善學生表現的成就品格（performance characters），包含成長型思維、自我控制、樂觀、熱情、社會智能與感恩。這些年我有幸陪伴許多孩子成長，與孩子共事的過程讓我在接觸品格力培養時特別有感觸，也從很多大孩子身上看見品格力對他們人生的幫助。

◆成就品格是支撐孩子有效學習的關鍵

本書所談的品格力，指的是成就品格，而非道德品格，從相關具體描述會讓爸爸媽媽們對這些非認知能力有更清晰的理解。例如：

孩子是否渴望探索新事物？是否願意問好問題來幫助自己學習？是否對學習感興趣？——**這些行為代表著孩子的好奇心。**

孩子是否能適時表達對別人的感謝？是否能開口說「謝謝」表達對他人的感謝？是否能透過為別人做些事情來表達自己的感謝？——**這些行為代表孩子有感恩的具體**

表現。

此外，恆毅力也是重要的成就品格之一。

恆毅力最重要的兩個核心概念包含興趣的穩定性（consistency of interest）與努力的持續性（perseverance of effort）。《恆毅力》（*Grit*）作者安琪拉・達克沃斯（Angela Duckworth）在書中提出培養恆毅力的方法，分為由內而外與由外而內兩種層面：

培養恆毅力：由內而外激發驅動力

❶協助孩子培養興趣：熱情始於自己真心喜歡的事，興趣需要透過與外界互動被激發出來，發現的過程可能是隨機或偶然的，孩子無法光憑毅力去喜歡某些東西。在發現興趣後，需要積極投入，加上身邊重要他人（爸媽、老師、同學）的鼓勵，這樣能讓孩子感到愉悅與自信，更能強化興趣的發展。

❷引導孩子刻意練習：當在某個領域發現及培養興趣後，就必須全心全意投入練習，有目標的持續進步。練習不僅是經驗的累積，更重要的是要刻意練。刻意練習需要設定挑戰目標，針對特定的缺點進行挑戰，進而帶來更大的成就感。

❸**讓孩子擁有利他目的：**讓孩子願意做對他人有利的事。達克沃斯博士的研究也發現，「快樂」對恆毅力高或低的人都有相當的重要性，恆毅力高的人，比其他人更有動力去追求有意義的人生，願意以他人為先的人生。

❹**永遠懷抱希望：**相信自己的努力可以改變未來，抱持著成長型思維，相信學習能讓自己做得更好，願意以樂觀的方式詮釋逆境，努力堅持並克服難關。

培養恆毅力：透過由外而內的影響

❶**家庭教養：**高關懷、高倡導的家長理解孩子的心理需求。高度的關愛和支持讓孩子的潛力得以發揮；高倡導（嚴格）以理智為基礎，透過身教與明確的原則來教導孩子。

❷**多參與課外活動：**課外活動可以培養興趣，其挑戰性可激發孩子的內在動機。達克沃斯的研究發現，投入較多課外活動的孩子成績較好也較有自信。

❸**環境與組織文化：**身分認同對於恆毅力有重大影響，善用個體想要融入團體的動力，當孩子周遭都是恆毅力高的人，他會在潛移默化下變得更有恆毅力。

◆從日常生活中增進孩子的成就品格

藉由環境的形塑與體驗學習反思的引導，爸爸媽媽可從日常生活中增進孩子的成就品格。下面列出六項成就品格的具體表現，家長可以協助孩子進行自我檢視：

■堅毅的具體表現

□不論任何事情，一旦開始我會努力把它完成。

□對於一個任務（作業）或活動，我會保持熱情和行動力直到完成。

□儘管在過程中遭遇挫折，我依舊會努力不懈的嘗試。

■樂觀的具體表現

□我相信目前的努力對自己的未來有幫助。

□發生不好的事情時，我會思考如何改進才能讓下一次更好。

□活動中遇到困難，我會正面看待，相信自己對於不在行的事也能有所進步。

■人際互動中具有自我控制能力的具體表現

□我面對別人的批評或刺激能保持冷靜。

□別人說話時，我能先安靜的聽，不打斷他人。
□我能以尊重的態度對待老師與同學。
□我能控制自己的情緒與脾氣。

■學習過程具有自我控制能力的具體表現

□我會記得與遵守指示和規則。
□拿到新的任務時，我會馬上做，而非等到最後一秒才做。
□我願意專心並努力克服外在的干擾。

■社會智能的具體表現

□在與別人起衝突時，我會想辦法找到合適的方法解決。
□我願意花時間去理解別人的想法與感受。
□面對不同社交場合（環境），我都能夠很自在。

■有強烈興趣與熱情的具體表現

□對於任何活動，我都願意積極投入。
□我能讓自己充滿能量，與奮地面對新的人、事、物。

◆營造有歸屬感又有挑戰性的環境，讓孩子願意持續不斷的學習

美國作家保羅・塔夫（Paul Tough）在《孩子如何成功》（*How Children Succeed*）一書中指出：「恆毅力、好奇、自我覺察、樂觀、自我控制等品格力比學習力更重要，成就品格是幫助孩子未來成功的核心力量。」同時他在新書《幫助每一個孩子成功》（*Helping Children Succeed*）裡面也提到：「非認知能力是由成長環境所形塑，而非天生的。」

也就是說，品格力的養成有賴環境的形塑，爸爸媽媽是最有機會協助培養孩子成就品格的大人，藉由每天的生活相處，具體的鼓勵孩子，讓他們理解哪些行為表現符合正向成就品格的描述，引導孩子有意識的感知與實踐。

自我控制（自律）在很多面向來說，比認知學習影響更顯著，認知能力與非認知能力的學習是息息相關的，我們也可以說社會情緒學習與品格力是認知學習的基礎。透過完成平時作業、評量測驗（認知能力的培養）也是品格力養成的訓練，爸爸媽媽可以翻到下一頁的檢核表，檢視品格力與認知學習的關聯性。

〔檢核表〕品格力vs 認知學習

- □在上課時間內專心聽講 → 自我控制
- □在時間要求內完成作業 → 自我控制
- □在時間要求內繳交作業 → 自我控制
- □在考試前努力充分複習 → 自我控制
- □在完成作業前不出去玩 → 自我控制
- □不上網找答案來抄作業 → 自我控制
- □考試的時候不偷看別人 → 自我控制
- □對於學習主題具有興趣 → 熱情
- □對於不懂的問題會詢問 → 熱情
- □不懂的作業會去查資料 → 熱情
- □作業寫錯願意修正 → 堅持/恆毅力
- □考試考差繼續努力 → 堅持/恆毅力
- □不懂的地方和老師討論 → 需要社會智能
- □和同學們一起完成作業 → 需要社會智能
- □忘記帶作業向老師求情 → 需要社會智能
- □考試考差了向父母求情 → 需要社會智能
- □忘記帶教科書向同學借 → 需要感恩（同學）
- □和同學一起完成作業後 → 需要感恩（同學）
- □同學協助解答疑難問題 → 需要感恩（同學）
- □遇到學習困難老師指導 → 需要感恩（老師）
- □能夠繳交昂貴的學雜費 → 需要感恩（父母）
- □完成一個階段性的學習 → 需要感恩（自我）

總之，只要塑造好的學習環境，就有機會透過認知能力的培養，養成孩子的非認知能力，你說是嗎？

5 學習是練習為自己人生負責的過程

常有機會遇見被考試壓垮的孩子……在求學的過程中，孩子很容易用成績來定義自己，我不認為有孩子會從一開始就想擺爛，或是從頭到尾都不想努力。如果不是這樣，那是什麼環節出了問題，讓孩子開始逃避學習？

很多時候大人如何看待學習也決定了孩子的表現。許多爸爸媽媽只要談到學習，立刻就會跳到策略的層面，就像常有家長會問：「怎麼做才會提升學習成績？」、「需要買哪些參考書？」、「有哪個老師比較會教？」或「哪些補習班比較好？」其實這些問題都只是把「學習」窄化了。

我常跟孩子分享自己求學的歷程，遇到逆境時，練習觀照自己所處的困境。既然在學生時代，我不得不面對的挑戰是學習，也有足夠的時間想辦法解決這個問題，那我做不好會是什麼原因？答案絕對不會是「我比別人笨」，更多的時候是我想逃避，我不敢承認自己的不足，我也不願意承擔責任。因為不做就不會失敗，不做也就不容易難過。

◆成長型思維：只要努力就有機會變得更好

學習是與自己競賽的過程，無須過度與他人比較。學習有機會讓自己變成更好！學習的本質是愉悅的，這是豐富生命的歷程。當然，過程中需要付出，也有辛苦，當我們真正理解學習的意義時，辛苦才有機會轉化成養分。透過體驗教育的模式豐富孩子社會情緒的學習，讓孩子能夠有更好的自我管理能力，對自己有更深刻的認識。

馬丁・賽利格曼從研究中發現無助是透過學習而來，主張人們對生命的想法可以擴大或縮小我們對生命的控制力。也就是說，我們沒有辦法決定在生命中遭遇什麼，但絕對有能力選擇我們要理解它的方式，並藉由這個選擇，拿回生命的主控權。賽利格曼將這個正面的想法稱為「正面解釋型態」。

經常運用正面解釋型態去理解逆境經驗的人就會形成「成長心智模式」（growth mindset）；相反地，相信宿命一類負面思考的人會形成「固定心智模式」（fixed mindset）。一旦心智模式成型，它會影響我們做選擇的取向，當然也就導致相對應的結果。

成長型思維（或稱成長心態）對於一個學習者來說是重要的。具有成長型思維的人認為努力可以改變，可以進步，「只要我願意，我都有機會比現在更好」，「沒有天生不擅長或是做不來的，只要我努力就有機會改變現狀」；相反的，不具備成長型思維的人會認為「我天生就不擅長做這件事，即使努力也沒有用」。

◆找到學習的意義，發現學習當中的樂趣

面對學習，心裡需要先接受「它」不是一件輕鬆的事情。

□我願意花時間在學習。（我願意）

□我理解學習對我的意義與重要性。（我理解）

□我願意承擔學習的辛苦與成果。（我承擔）

每個人的學習方式不同，擅長表現的形式也不一樣。能力的展現應是多元的，請發掘適合自己的學習方式。

@上海／超市
浩天老師帶領孩子們採買活動需要的食材。

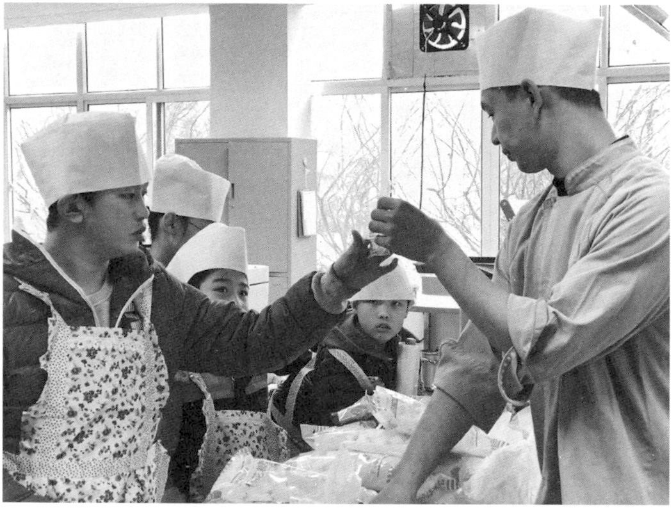

@上海／彼岸之星融合職教中心
瑋漢老師透過食育讓孩子們從做中學。

6

樂觀是可以學可以教的

在輔導工作中常運用理性情緒治療法的理念，當中提到的「解釋型態」是一種習慣性的思考方式，但這並不是先天的特質，而是後天學習得來的。我們在不知不覺中養成了這些慣性思維，但既然是靠學習得來的，就有改造的可能性。就像有些人抱持著定型心態，而有些人選擇成長心態來面對問題。

◆ 學習使用不同的思考模式看待事物

賽利格曼引用著名心理學家艾里斯（Albert Ellis）在一九九五年所發展的理性情緒治療法（Rational Emotive Behavior Therapy, REBT），擴充為ABCDE樂觀認知學習模式，教導人們如何從這些步驟中改變悲觀的解釋型態，應用於孩童身上。賽利格曼利用三種解釋型態（永久性、普遍性、個別性）教導悲觀的人學習使用不同的思考模式來看待事物。

其「解釋型態」有以下三個維度：

❶永久性（permanence）

〔暫時性 vs 永久性〕樂觀的人會對於好事有永久性的解釋，對於壞事有暫時性的解釋；悲觀的人則相反。

❷普遍性（pervasiveness）

〔特定的 vs 一般的〕樂觀的人會對於好事有普遍性的解釋，認為事情會發生是普遍的，對於壞事有特定性的解釋；悲觀的人則恰好相反。

❸個別性（personalization）

〔內在（自己）vs 外在（他人環境）〕樂觀的人會對於事情成功歸之在己，失敗時除了檢討自我，也會注意是否還有外在因素；悲觀的人則偏於歸咎自身因素。

這與動機「歸因論」（Attribution Theory）談的內外在歸因概念相似，個人往往會將成功與失敗的事件加以歸因，若把個人成敗歸諸於內在因素，如能力、努力和心情等，即為內在歸因。與內在歸因相對的是外在歸因。後者是指個人將成敗歸諸於外在因素，如工作難度、運氣或教師偏心等。

至於「ABCDE」則分別為：

A：不愉快事件（adversity）

個人生命所遇的事件，例如：事件、人、想法。

B：念頭（belief）

對於「A」（緣起事件）的信念，有分理性與非理性。

C：後果（consequence:emotional and behavioral consequence）

由思想信念衍生的情緒反應或行為的結果，亦即B才是導致C產生的主要原因。

D：反駁（disputation:disputing intervention）

對非理性的、不合實際的、絕對的思想信念加以駁斥，提出質疑。

E：激勵（energization）

有效理性的哲學觀、有效的情緒或行為。

過去我在演講時曾經舉過一個ABCDE的例子：

A：我到現在還是無法打破一些學生對於學習的冷漠感。

B：為什麼我總是無法接觸到這些孩子的心？假如我更聰明、更有創意的話，說不定可以使他們對學習感到興趣。假如我對最需要指導的學生都無法有任何影響的話，我根本沒有盡到做老師的責任，或許我根本不適合教書。

C：我不想再去嘗試新的方法了，我覺得非常沮喪洩氣，根本提不起勁。

D：以這一小群學生來判定我不適合當老師是不對的，事實上，大部分學生對我的教學反應都很好，而且我花了很多時間去設計教學內容，盡量讓學生參與，表達他們個人的看法。或許我可以再請教一下別的老師，看他們是如何面對這個問題，或許集思廣益，共同擬定一個方案來幫助所有低學習動機的孩子。

E：我對自己的教書工作有信心多了，希望跟別的老師討論後，可以得到一些新的想法和做法。

樂觀是可以教的，但大人要先具備這樣的能力，才能「教」孩子變得樂觀！

7

善用錯誤經驗提升自我

過去十多年來，我嘗試將自然情境教學與體驗學習結合的教學模式，運用在特殊教育與輔導工作中，而這些經驗讓我從孩子身上體會到，家長與輔導人員應該保有的基本原則，像是創造一個容錯的環境，讓孩子從體驗錯誤當中去學習。

因為錯誤本身就是一個經驗，當孩子犯錯時，我們不是嚴厲的斥責，而是應該想一想，這樣的經驗可以帶給孩子什麼樣的學習？透過我們的陪伴、反思與引導，讓孩子形塑一個新的行為，能夠運用在未來的生活中。這樣錯誤才有意義，經驗才能成為生命轉化的能量。

《心靈捕手》（*Good Will Huntin*）這部電影當中有一句話，可以很真實的讓我們理解經驗與錯誤經驗的意義：「經驗」是個嚴格的老師，他總是先考試，才教導我們。換句話說，真實經驗可以讓我們學會，人生是邊做邊學的歷程，而不是學好了才做。問問自己，從小到大誰沒犯錯過？如果我們的成長經驗是由許多錯誤（甚至失敗）的經驗累積而成，那我們應該如何看待孩子犯錯這件事？

犯錯是重要的學習經驗，讓孩子從這些經驗中學習，犯有價值的錯誤，避免無意義的錯誤，過程中可以善用所謂自然後果與邏輯後果（參考一七二頁），讓孩子體會行為結果的代價。

◆讓孩子練習承擔自然的後果

天氣冷，孩子沒穿外套，他需要承擔著涼的後果；在學校午餐挑食不吃，下午就必須要承擔肚子餓的後果。（**自然後果**）

出門運動前告訴孩子要記得帶水，孩子堅持不帶，運動時他感覺到口渴但沒有水喝，此時家長應該稍微堅持，讓孩子自己承擔沒有水喝的後果。（**邏輯後果**）

當孩子已經承擔了後果時，家長無須在旁邊冷嘲熱諷，只要保持平靜讓他清楚知道出門前你有提醒他帶水即可。

•練習題• 面對狀況題，你的選擇是什麼

試想，當你跟孩子到麥當勞點完餐後，剛離開櫃檯，孩子就把整杯飲料灑在地上，當下你會怎麼做？後續你會怎麼處理？

1 責備，責備，再責備（碎唸）

2 讓孩子承擔自然的後果（沒有飲料喝）

3 讓孩子承擔責任與彌補（協同清理環境）

4 過度強調自然的後果（不斷地跟孩子說：「你看你，就跟你說要拿好！不聽，現在沒得喝了吧！活該，下次看你要不要小心拿。」）

5 安慰孩子，再買一杯給他

以上五種狀況選項，你屬於哪一種？

如果是在公眾場合過度責備孩子，大人通常可能處於下面幾種心理狀態：

1 控制不住自己的怒氣
2 覺得孩子的行為讓自己丟臉
3 罵給別人看，顯示自己是「稱職」的父母
4 讓孩子知道事情的嚴重性
5 希望他下次別再犯這樣的錯誤

不管你的選擇是什麼，我相信大部分的孩子在犯錯時，內心是清楚的！

8

從品格力養成過程看見孩子的成長

品格力的養成需要時間與情境，我會透過活動設計，在營隊活動中培養孩子的品格力。將這樣的概念傳遞給家長，是希望也可以在教養的過程融入這些觀念，如果爸爸媽媽已經理解自然情境教學與隨機教學的概念，就會知道有經驗的教導者可以創造教學的機會。鼓勵爸爸媽媽練習布置適當的任務與環境，讓孩子有機會從實際的生活經驗中習得這些重要的能力。

◆孩子的反思記錄與他們的成長

工作室每一次營隊活動一定會有一些「吃苦」的環節。長距離的徒步或征服高山是基本配備，這些活動的目的就是要和堅持做連結，培養孩子的恆毅力。如果沒有這些「苦」，怎麼樣讓孩子體會堅持呢？活動後帶領孩子反思這段經歷，強調這個經驗對他的意義，慢慢地孩子會更有意識的知道活動對他的幫助，進而表現出更為主動的投入。從下面孩子爬山後的反思記錄，可以看到各種感動的成長歷程：

「我爬山的時候遇到大石頭，我努力的自己爬完！」

「爬山的時候，突然卡住了，我沒有請別人幫忙，靠自己克服了。」

「爬山的時候，我已經沒電了（變成0-20%），我感覺自己已經快要爬不了了，但我還是努力的堅持走下去。我本來不會爬大石頭，但後來會了！」

「我爬山沒有很在行，也沒有經常在爬山，可是老師鼓勵我，最後我成功爬上山頂。」

「爬山時，雖然我一直跌倒，但我仍然繼續爬。」

「我相信爬山可以鍛鍊自己的體能。」

「爬山的時候路很陡，但我仍然繼續往前爬。」

「在出發前我很不想爬山，但是我克服了這個困難。」

@ 老地方觀景平台
陶璽工作室週日的登山活動，陪孩子們喘口氣，一起走進大自然。

「爬山的時候，我一開始就累了，但我仍然堅持到最後。」

「爬山的時候雖然很累，但我還是努力爬完了。」

「雖然在爬山的時候滑倒，但我仍然有努力爬到山頂。」

「我相信爬山會讓我的腿力更好！」

「爬山對我來說是一個很棒的經驗，希望以後還可以繼續！」

「爬山雖然很累，但是我還是保持熱情成功登頂！」

「爬山爬得好累，感覺快死了，中途我一直休息，最後還是爬到山頂了。」

「今天去爬山，應該是最累的一天，但是過程中很好玩。」

「爬山的時候我頭很痛，但是我還是繼續爬！」

「我在爬山時會想『再差一步』就快要到了！」

「爬山時，我覺得很累，但我仍然不放棄，最後征服了大尖山！」

「爬山的時候有一點累，但我沒有放棄。」

「爬山的時候，我很認真，沒有放棄。」

「爬山的時候，我很努力，未來希望成為一位登山者！」

◆決定人生成就的是EQ而不只是IQ

長期研究發現品格力對於孩子的重要性，若只強調認知學習能力的培養，這些孩子有好的文憑也很難存活下來。

生活充滿挑戰與挫折，品格力對於特殊教育需求的孩子一樣重要，不管是好奇心、感恩、恆毅力（堅持）、樂觀、自我控制、社會智能、興趣與熱情，全都是孩子的重要能力。在工作室的活動中，例如桌遊、體適能、登山、情緒學習的小團體等，孩子需要透過自我覺察與老師的觀察引導，將自己的具體行為表現與品格力的問題（參考一八二至一八四頁）對應。以下是孩子寫下的反思：

「在營隊的第三天，我認識了幾種蝴蝶後，在導覽老師的介紹下，我還想認識更多蝴蝶，這是我渴望探索新事物的具體表現！」（好奇心）

「在進行導盲犬訓練活動時，我跟寄養家庭問了很多有關平時照顧與訓練導盲犬的事情，這是我願意問好問題來幫助自己學習的表現！」（興趣與熱情）

「在營隊活動中，只要有同學幫助我時，我也會為他做一些事情來表達我對他的感

假日登山活動孩子專注於環境中的發現。

暑假彰化營隊「導盲犬體驗活動」。

謝。像是某某同學借我衛生紙，我會幫她倒垃圾！我覺得這是我會適時表達對別人感謝的具體事件。」（感恩）

「我們從學校走到流浪動物之家後，又走到了微熱山丘，這個時候我腳已經非常酸了，但我還是繼續努力往前走，最後完成了這次的徒步挑戰！我認為這是儘管在過程中遭遇挫折，我會依舊努力不懈嘗試的具體表現！」（堅持）

「當我和某某同學在營隊活動中吵架時，我會想如何不會再起衝突！這是當不好的事情發生時，我會想該如何改進讓下一次更好的具體表現！」（社會智能）

「我本來非常怕狗，但是在這次活動中，接觸導盲犬後就不怕了！這是我相信自己對於不在行的事情也能有所進步的具體表現。」（成長型思維）

孩子透過活動後的反思，認知到成就品格的具體表現，開啟他們對於這些非認知能力的關注與覺察，在未來的生活中逐步養成這些能力。

除了自然情境教學外，品格力培養還有三種方式：第一種是直接教學，第二種是將品格力融入生活和活動去培養，第三種就是父母的身教與環境的境教。這些能力的培養需要時間，不會是今天做明天成的特效藥，而我希望透過營隊活動與課程，開啟

帶孩子認識臺北市流浪動物之家。

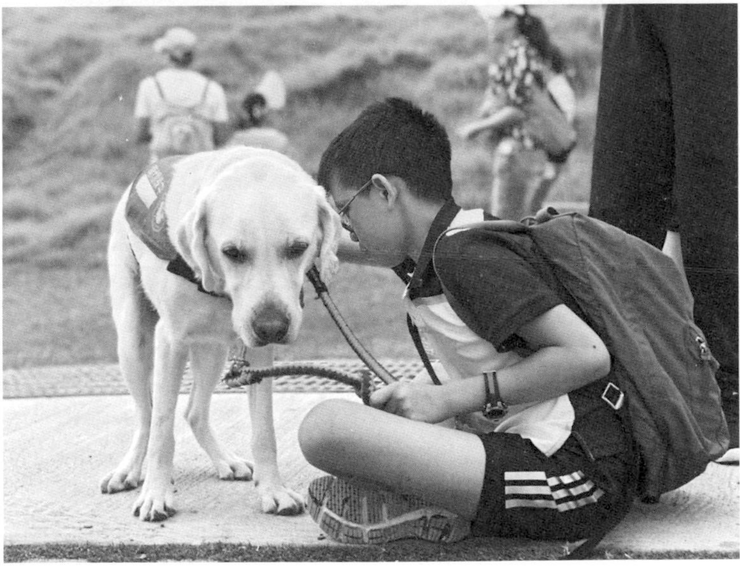
導盲犬體驗活動。

孩子對於這些成就品格的認識與感知，它們將會是孩子未來生存重要的能力，爸爸媽媽一樣可以在日常生活中落實。

◆ 善用心流經驗，幫助孩子創造高峰經驗

如果孩子一直在進行簡單的任務，他是不會有成就感的，爸爸媽媽要練習認識孩子現階段的能力，同時給他能力相匹配或甚至高一階的挑戰。

心流理論（Flow）是米哈里・契克森米哈伊（Mihaly Csikszentmihalyi）在一九七五年提出的概念。心流發生在個體知覺到活動的挑戰與自身技巧（能力）達到平衡的狀態。所謂的挑戰與技巧，並非外在的標準，是個體主觀認定的標準。爸爸媽媽在協助孩子創造心流經驗時，必須把握下列九項要素：

❶**挑戰與能力適配：**心流經驗發生在挑戰與個體能力平衡時。個體遇到挑戰性高但能力不足時，容易感到挫折；遇到挑戰性低於能力時，又有可能感到無趣。

❷**明確的目標：**個體確知目標後，才知道該如何應用自己的能力來執行。有些活

動具有外顯的目標，例如跑步跑多少分鐘、多遠的距離；但有些活動並沒有明確的外顯目標，例如繪畫、創作，就需要個體在內心先形成明確的目標，才比較容易透過持續回饋發掘樂趣。

❸**立即的回饋**：回饋能幫助個體知道自己是否朝著設定的目標邁進。

❹**知行合一**：最好的經驗就是當事人覺得知覺合一的狀態。此時當事人的注意力完全集中，活動過程不需思索，接近自動化。

❺**全神貫注**：專注眼前的事物或行動，心靈的狀態無法容納任何不相干的資訊。

❻**潛在控制感**：對事物掌握的程度。控制感指的是控制的可能性，而非實際情況。此時個體較不擔心犯錯或失敗，願意冒險體驗心流的感受。

❼**暫失自我意識**：當個體完全投入時的狀態會忘卻自我。

❽**時間感改變**：感覺時間暫停或是飛快。

❾**自發性經驗**：事物本身即是目的（過程），強調活動本身帶來的樂趣。

心流經驗、高峰經驗與人生幸福感高度相關，建議爸爸媽媽可以將這九項指標與自己實際生活經驗相對應，再慢慢擴展到陪伴孩子活動的過程中。

9 以遊戲創造自然情境 讓學習變得更有趣

玩是最好的學習方式！成長的過程中，我們花最多的時間就是在玩。對孩子來說，任何活動都可以是遊戲。小到一根頭髮、一片葉子，孩子可以透過遊戲習得認知、練習社交及覺察情緒等社會情緒學習中的自我管理能力。在我過去的輔導工作中，經常運用桌遊（board game）引導孩子學習，讓孩子有機會暫時脫離3C產品，回歸人與人最單純的互動，像是撲克牌和大富翁遊戲就是簡單的桌遊概念。

◆玩遊戲，學會輪流等待的能力

輪流等待的能力對孩子來說是相當重要的。等待，考驗的是孩子的耐性，需要隨時專注場上其他人的動態。孩子剛開始練習玩大富翁時，容易因為沒有耐心而發生爭吵，或是沒注意到場上其他人的行動，需要老師或爸爸媽媽不斷提醒。

有時候我會和孩子約定一項遊戲說明書上沒有的規則，像是如果今天別人走到你的地盤，你沒有注意到（下一個人已經投擲骰子），對方可以不用付過路費給你。遊戲不一定都要按照既定的規則玩，每一個遊戲都有它預設的規則與玩法，這是遊戲設計者最原始的發想，但拿到遊戲後，很多時候我會完全不按既定規則讓孩子玩。

遊戲的情境屬於自然情境，如果爸爸媽媽是有意識地希望透過遊戲活動，培養孩子社會情緒學習的能力或成就品格，那玩遊戲就是有「目的」的，遊戲本身只是媒介，陪伴孩子玩遊戲的爸爸媽媽，要常練習問自己：「我希望透過這個遊戲來訓練孩子什麼樣的能力？」

過去我曾經輔導過一位6歲低功能的自閉症孩子，和他玩大富翁的時候，其實我只是運用大富翁的地圖，教會這個孩子輪流丟骰子、數點數、移動棋子，比賽的規則是「誰能按照規則，先走完一圈，誰就贏了」，這個孩子因此學會了等待、數點數，以及按照規則移動棋子，也理解與遵守規則，而且玩得非常開心。

以遊戲做為媒介，依照孩子的能力與我們的教學目標彈性調整「規則」，讓孩子在遊戲經驗中，學習社會情緒中的自主管理，並培養孩子的社會認知。

◆沒有人喜歡輸的感覺，從遊戲過程中學習控制情緒

桌遊的種類非常多，有競爭型遊戲，也有合作型遊戲，但大部分的遊戲結尾總是會有贏家和輸家。

當我希望透過遊戲訓練孩子面對失敗，接受自己的情緒反應，用合適的方式與他人互動，我一開始就會挑選競爭型的遊戲，像大富翁就是非常典型的競爭型遊戲。贏了固然開心，但輸家往往佔大多數，常陪孩子玩遊戲，就可以觀察到，許多孩子玩輸後，隨之而來的就是情緒與行為上的過度反應。

我相信大部分的孩子都想當贏家，輸了之後會不開心、難過、沮喪，甚至生氣，這些反應都是很正常的，重要的是這些挫敗經驗後的反思，到底讓孩子體會到什麼？**玩桌遊是訓練孩子面對失敗的好機會，因為它創造了一個「真的」情境**。如果孩子連玩遊戲的挫折都無法承受，未來面對真實社會的競爭壓力與挑戰，那就更辛苦了。

輸常伴隨沮喪與憤怒的情緒，遊戲進行的過程中，爸爸媽媽要讓孩子練習覺察自己的情緒，透過後設認知的訓練，讓孩子理解自己為什麼會難過與生氣，這是一種什

麼樣的情緒？而這樣的情緒又是怎麼產生的？發現自己有情緒的時候，應該用什麼樣的方式去抒發，才不會影響到周遭的朋友？這些問題是每一個人一輩子的功課，透過桌遊活動，孩子有機會在過程中不斷的經驗、修正、再經驗、再修正。

我會告訴孩子們：「老師能理解你輸的感覺，你會生氣或是沮喪，代表你對這件事情的重視，你希望自己做得更好。但我們要練習與這種感覺共處，因為沒有人一輩子都是贏家。輸本身也是一種學習，仔細分析自己哪邊做得不好，修正後，未來贏的機會就更大了。」

在陪伴孩子玩桌遊的過程中，我也觀察到一個很有趣的現象，有些孩子在遊戲一開始，可能因為資源（運氣）較差，或是做了幾個錯誤的決策，便決定草草放棄（認輸），或者是不願意再努力。我會刻意應用這個「可教導的時刻」進行隨機教學，因為這是培養孩子價值觀與人生態度的最佳時機。

我會讓孩子知道「即便你得到一手爛牌，但還是有機會扭轉；即便這一回合輸了，也不必這麼快就放棄，要能學會在惡劣的環境下生存」。善用這個情境，就有機會培養孩子的成就品格，這是培養孩子堅持與恆毅力的重要時刻。

◆寓教於樂，遊戲是孩子學習的起點

大富翁這個遊戲與我們身處的社會有密切的聯結。當孩子對於學習喪失樂趣與熱情時，有趣的素材與教學有機會扭轉這樣的態勢。遊戲是一種討自己歡心的活動，孩子的學習應建立在主動而非勉強，也唯有這樣才能真正達到寓教於樂以及終身學習。

一件事情做得好（天賦），孩子會對於這件事更有興趣（樂趣）。換個角度想，如果對於這件事本身就有興趣，結果是不是能夠做得更好呢？我認為遊戲是孩子學習的起點，陪孩子玩遊戲，除了能增進親子關係，培養其成就品格，增進社會情緒學習與社會技巧，更有機會讓孩子學習面對真實的人生！

10 家庭是重要的訓練場！父母是最好的教練

家是品格力的培養及社會情緒學習與社會技巧能力提升的重要環境，爸爸媽媽是孩子最好的教練。這些能力的養成，可以從做家事學起，孩子如果在日常生活中分擔家務，從練習做家務的過程，可以建立自信，也能夠發掘自己做事情與解決問題的方法。**與家人相處是學習與他人相處的第一步，平時爸爸媽媽就要空出時間陪伴孩子，**因為你們是孩子人生當中第一個重要的人際關係。

◆把關心孩子的心情當作是在彼此的情感帳戶存款

養成與孩子對話的習慣，如果工作繁忙，也要預留跟孩子相處的時間。爸爸媽媽平時要多關心孩子的感受，而不是只有提供溫飽與物質的滿足。陪伴孩子時就認真的陪伴，不要邊滑手機邊看電視，可以和孩子認真的吃一頓飯，也可以善用零碎的交通時間與孩子說說話，全家人一起在車上就是很棒的機會。

與孩子相處，不只是處理事情或解決問題，鼓勵爸爸媽媽練習跟孩子分享自己的心情，善用「我感覺……我需要……」當作分享的開頭，在生活中具體鼓勵孩子正向品格的表現，讓他清楚知道你期待的行為是什麼？哪些是對他有幫助的好表現？有時候也可以陪伴孩子照鏡子（或看著自拍照），讓孩子養成習慣，每天都花一段時間仔細看看自己，練習與自己說說話。（參考九十六頁）

◆ 除了說理更要談情

有一次觀察一對兄弟互動讓我很有感覺，透過這個經驗也讓我反思親子關係的互動。事情是這樣的，這兩兄弟都很優秀，哥哥從小就是學霸，在很多領域表現傑出，弟弟對這個哥哥也相當佩服。兄弟倆一起參加科學競賽，除了他們之外，還找了一些人來幫忙，哥哥雖然是整個計畫的領袖，但因為正值高三，課業壓力比較大，有時候會缺席團隊的討論，弟弟則是協助扮演團隊領導者的角色。

準備比賽的過程中，團隊內夥伴常會有不一樣的想法，當然偶爾也會產生誤會與矛盾。有一次衝突過後，兄弟倆針對團隊內的問題進行討論，兩人都善於理性的思辨，口才也都很好，彼此觀點不同，但一件事情從不同角度切入，可能就會產生不一樣的見解。對於想法的分歧，兩兄弟你來我往，討論過程相當激烈，當然也產生了一些不愉快的情緒。

兩人沒有共識，且非常堅持各自的立場，因為其實雙方都沒有錯。就當我覺得這場討論很無解時，我很佩服弟弟的柔軟，他從理性辯論中先抽離出來，放慢語速、降低音量，率先釋出善意。因為我知道過去兩兄弟曾因為意見不同，在團隊討論時有過幾次衝突，事後弟弟和我談了幾次，覺得自己很愧疚，認為個人的情緒應該要私底下再跟哥哥談。

整段對話中，我一直有個感覺，就是哥哥只要稍微放軟，或是什麼都不用說，過去抱抱弟弟，拍拍他，這個對話就會結束了。但這樣的劇情並沒有上演。

在兄弟倆僵持一陣子後，弟弟選擇先放軟，釋出善意，哥哥這才鬆口跟弟弟道歉。正當我覺得這是很好的結尾時，哥哥說他要先去上個廁所，其實我還是在期待兄弟抱抱的戲碼。等到哥哥回來，坐在位子上，他用很平靜的聲音，很理性的思路，又再把剛剛兄弟倆爭執的事說了一次。

當時我在想，當然很多時候我們需要說理，但更多的時候，我們是不是也應該談談情？

11

規劃體適能活動訓練孩子的社會技巧與品格力

由於自己愛運動的關係，過去我嘗試以體育活動為主軸，規劃品格力與社會技巧的訓練方案，家長們知道後對體適能課程評價為：用很難的事去學很難的社交！

其實就像先前提到的，教學一定要有目標，如果我想要訓練孩子的社會技巧，我選擇的運動項目就要能夠產生相應的情境。舉例來說，我用籃球當作社會技巧與情緒控制的訓練媒介，打過籃球比賽的人就會知道，籃球除了個人技巧外，重要的是與人合作，這是社會智能。

在場上要能遵守比賽規則，當然也要有好的情緒管理，這些都是屬於自我控制的範疇。每次活動開始前，我們都會引導孩子圍圈，說說這個星期自己發生的大事，今天自己的情緒如何？這屬於社會情緒學習的準備。活動後，我們也會邀請孩子圍圈，談談自己今天的表現，有哪些部分可以再努力突破，又有哪些夥伴表現得很好，自己可以向誰學習？

◆用籃球活動做為訓練的媒介之一

以籃球活動來培養孩子的非認知能力，做法與原則可歸納為以下幾點：

1 每個孩子都可以參與，剛開始遊戲式的活動比例高，技能性活動慢慢增加。

2 透過圍圈與小團體互動，讓孩子熟悉一起運動的夥伴，建立團隊的歸屬感。

3 不同活動不同分組方式（訓練時善用異質性分組，像是年紀大的搭配年紀小的，能力弱的要搭配能力強的；遊戲時間可以嘗試自然的分組）。

4 活動過程中，不要強迫孩子參與所有訓練，要給孩子選擇的機會。

5 不同的孩子要有不同的訓練目標，讓孩子依其能力與程度完成不同的任務。

6 透過有趣的遊戲讓孩子熟悉籃球場地。不要忘記動機對孩子學習的重要性！

7 每次活動開始前，先讓孩子說說自己的事；活動結束後，全體圍圈討論分享。

引導孩子看見自己與別人的優勢，具體說出別人好的表現，練習接受他人讚美。

8 一開始不強調正式籃球規則與技巧，一次學習一條規則，一次練習一個技巧。

9 帶孩子去看籃球比賽、鼓勵孩子看正式的球賽轉播。每次的練習內容會包含前幾次的訓練活動（複習）。

10 塑造典範，包含教練、學長及每次練習中有突出表現的夥伴。

11 創造孩子成功的機會，傳球給固定的孩子，讓孩子在擅長的位置投籃。

12 孩子在籃球場上理解自己的優勢，也是認識自我的一個面向。

13 讓孩子理解籃球場上的多元角色與分工。很會傳球的人會得到稱讚，努力防守的人也會得到稱讚，透過觀察與討論，幫助孩子理解多元價值的意義。

14 教練要掌握活動的節奏，依據當天的天氣和氣氛，彈性調整訓練活動與強度。

15 建立團隊的默契，像是有好表現後的擊掌，或活動後的喊聲。

16 強化團體的動力，讓孩子們知道我們是一個團隊！

17 不管表現如何，大家都是團隊的一分子！讓孩子理解「技能」不是唯一的成就標準，勝利不是我們練習時唯一追求的價值。

18 漸進式加入新的運動夥伴，鼓勵孩子在球場上和不認識的人一起活動，這也屬於社會智能的培養！

◆藉由運動比賽培養孩子自我控制、互助與堅毅

以某場棒球比賽的實況回顧為例，示範透過體適能活動培養孩子的成就品格：

「我這隊前幾局一路領先（12：0），九局上半對手反攻，我刻意換上小夥伴上場救援。小夥伴是棒球的新手，控球能力還有待加強，但我已經決定要讓他投完最後一局，除了我們遙遙領先之外，也希望藉這個機會訓練孩子控制自己的情緒（脾氣）。基本上今天兩隊孩子的情緒都屬於易爆類型。

「同隊的小夥伴不斷保送，讓對手把分數追了上來。一路追到只差1分時，我的小夥伴說他累了，他投不了，要換我再上場。其實我知道他不是累，而是擔心比賽被逆轉。當下我鼓勵他，『不管如何，你現在只要想辦法把球投到好球帶就好，不用管分數，就算被超前也沒關係。因為我們還有九局下半啊！』

「小夥伴後來投完了這一局，比數變成12：16，我們從領先12分到落後4分。但我是開心的，因為在這個過程中，孩子沒有發脾氣，雖然他想放棄，找理由逃避，但仍然完成了他的任務。

「最後半局，我為了不讓我的小夥伴過於自責，接連擊出安打與全壘打，將比數追近到14：16。但上半局一口氣丟了16分的小夥伴接連被三振，讓我們快速累積兩個出局數。當我擊出二壘安打後，又輪到這個小夥伴上場打擊，眼看已經是九局下半，兩出局，二壘有人，我們還落後2分，依照過去經驗，我的小夥伴被三振的概率是很高的，而且整場比賽都還沒擊出安打。沒想到，就在兩好球沒有壞球的情況下，他竟然打出右外野方向的兩分全壘打，把比分一口氣追平！這也是他棒球生涯第一發全壘打！球擊出去之後，他那驚訝的表情真的跟漫畫一樣啊！

「比賽最後以16：16握手言和，讓我開心的是兩隊孩子在比賽中的表現，尤其是堅持和不放棄的態度。為了幫我同隊小夥伴一把，我其實有些偏袒（包含好球帶放得比較寬，還有幾次的誤判），但平時情緒容易爆的孩子今天異常的冷靜。比賽結束後，我問他是否有感覺到我的偏袒？他很大方的告訴我，他覺得沒有關係，因為對手年紀比

較小。不僅如此，他還稱讚我同隊的小夥伴投球有進步！

「和我同隊的小夥伴，原本都不願意揮棒，喜歡等保送，但我在比賽中不斷鼓勵他揮棒，即使沒打到球也練習了揮棒。我和孩子說：『你不揮棒，永遠沒有機會。』很高興他願意嘗試，即使被三振了很多次，卻在最後一次打席擊出關鍵的全壘打！我想這就是有效行動的邏輯，只要出手就有機會！」

12 關於品格力的具體行為描述

（檢核與設定目標）

我一再強調，培養孩子的品格力，需要從生活中做起。因此，以下列出品格力的具體行為描述，希望協助爸爸媽媽檢核孩子在家的表現，觀察孩子有哪方面的能力是需要加強的，藉此設定訓練目標，並善用書中介紹的自然情境教學與體驗教育的模式，形塑孩子的品格發展。

描述❶ 關於堅毅

□一旦開始的事，都能完成。

□對於任務或活動，能保有熱情和行動力。

□能堅持所設定的目標。

□儘管感覺快放棄了，仍能持續努力不放棄。
□面對失敗仍然能堅持努力。
□願意從失敗當中發掘改善的機會。
□願意從自己的錯誤中學習，並努力改善。
□當遭遇失敗時，能尋求其他替代方案或請教別人。
□當遭遇失敗時，能很好奇地想知道，究竟該如何改善。
□當遭遇失敗時，能用不同的角度思考問題與尋找新策略。
□能持續投入工作，並追求每天的進步。

描述❷——關於樂觀

□能覺察並理解自己的情緒，但不沉溺於情緒中。
□面對挫折或失敗時願意想辦法，努力把壞事變好事。
□相信努力可以克服困難，專注在自己可以影響的面向。
□持續自我鼓勵，讓自己有面對困難與挑戰的勇氣。

□當不好的事情發生時，會想該如何改進讓下一次更好。
□持續保持動機，儘管事情不是很順利。
□相信努力會改善自己的未來。
□相信累積一個個的小小成功，可以改變自己的未來。

描述❸—關於自我控制（人際）

□即使遭受批評也能保持冷靜。
□不打斷別人說話。能理解打斷別人的話，會讓對方覺得很不舒服。
□能理解要等對方把話說完，才能真正知道他所要表達的事，並且專注持續釐清對方的意思。
□能了解他人想要表達的意思。
□對他人要有禮貌，常說「請、謝謝、對不起」。
□即使自己心情不好，也要維持對他人的尊重。
□吃飯時能禮讓他人先夾菜。

□吃飯時只取用適當的分量。
□用餐時細嚼慢嚥，嘴巴有物時避免說話。
□注意自己用餐時的禮節與整潔。
□維持自己生活環境的整潔。
□願意主動分擔家務。
□在公共場所說話會控制自己的音量。
□用尊重同學的方式相處。
□行為舉止能符合環境的基本要求，例如不在走廊上奔跑。
□與他人互動時能控制好自己的情緒。

描述❹ 關於自我控制（學習）

□放學後能主動完成作業。
□主動複習舊課程。
□主動預習新課程。

□能在期限內完成自己的作業。

□晚上不熬夜。

□早上不賴床。

□能準備好隔天上課所需的物品。

□需要使用電腦完成作業時，不會趁機玩遊戲或上網。

□遇到不會的問題不會亂猜，願意盡可能地保持作答的品質。

□主動解決作業中遇到的困難，努力解決問題。

□養成記錄學習過程的習慣。

□被交付工作會立即執行不拖延。

描述❺ 關於感恩

□能體會並對父母親、師長表示感謝。

□能感恩他人為自己的付出。

□能感謝他人對自己的幫助。

□能珍惜自己擁有的物品。

□能珍惜自我的挫折與困境，感謝自己可以從中獲得成長。

□在生日時能接受他人的祝福；在他人生日時，可以表示對他人的祝福。

描述❻ 關於熱情

□遇到不會的問題主動找答案。

□看到家裡髒亂，能主動整理打掃，積極參與家務勞動。

□主動跟爸媽分享學校生活與學習。

□主動發掘生活中的問題。

□主動參與學習，願意提升自己的能力。

□團隊活動時積極投入工作。

□能充滿能量且興奮地面對新的處境。

□主動幫忙其他人。

利用上述這些具體描述，協助形塑孩子的外在行為表現，讓孩子清楚知道爸爸媽媽期待的目標行為，將有助於孩子未來表現出相對應的行為。

在108課綱當中，強調素養導向的教學，素養是認知、情意與技能的綜合，需要在真實情境中體現，符合自然情境教學、體驗學習的核心理念，所以爸爸媽媽可以善用這套教學模式，讓孩子在生活中有意識的提升社會情緒學習能力，同時涵養孩子的品格力。

第三部

陪伴者的修練

每個父母應該是最了解自己孩子的人，
要練習回到自己孩子身上找答案。

在許多演講場合，我都會嘗試引導家長們反思自己可以如何扮演父母的角色，可以創造怎麼樣的生活環境給孩子。因為我常看到有些爸爸媽媽努力在學習各種教育輔導專業，為的就是想要做個稱職的父母。

但我也常常發現，有些家長走火入魔，本末倒置，自己的孩子與家庭沒照顧好，反倒時常在網路上教導他人怎樣帶孩子。也因此，我常會藉機提醒爸爸媽媽，不要忘記自己的身分，不要忘記當初為什麼你想要學習這些知能。我們不是要成為專家，只是想要扮演好父母的角色，把孩子與家庭照顧好。

別人的經驗聽聽就好，當作一種可能性與選擇，不應該照單全收。不同的家庭環境，不同的文化脈絡，不同的小孩都有著不一樣的需求。在不同的條件下，相同的策略有時候不一定管用。這是許多人始終想不明白的。

每個父母應該是最了解自己孩子的人，而不應該是專家或老師，所以不要過度依賴專業或聽信權威，要練習回到自己孩子身上找答案。

1 創造一個安全的環境，培養孩子的歸屬感

家應該是讓人可以放鬆的地方，是一個讓孩子能無後顧之憂做自己的環境。這樣說並不代表孩子可以為所欲為，應具備社會情緒學習中「負責任的決策」這項能力（思維），在考量自己的需求時，同時考慮家人。

父母穩定的陪伴，是孩子安全感的來源。歸屬感是根，要讓孩子清楚知道自己從哪裡來，這也是認識自我的第一步。練習問問自己：

「家」給你什麼樣的意念？

你的原生家庭帶給了你什麼？

你從父母親身上學習到什麼？

有哪些習慣是和爸爸媽媽一樣的？

有什麼樣的行為模式和價值觀與父母親不同？而這是你刻意選擇的。

研究指出，有早期逆境經驗的孩子，成長過程中因高度壓力積累，影響其腦部結構發育，容易積累對成長有害的毒性壓力，家長應避免讓孩子浸潤在這樣有害的成長環境中。

孩子是在親子關係中，學習與人建立關係，學習與這個世界建立連結，因此我也很鼓勵爸爸媽媽們仔細觀察跟父母的關係，同時對照自己與孩子的關係。**教養和行為模式是會遺傳的，這樣的遺傳是潛移默化的作用，當我們有意識地反思，就有機會避免成為自己當初討厭的那種大人。**

◆你對孩子的愛是哪種愛？

在《四種愛》（*The Four Loves*）這本書中，英國作家魯易斯（C. S. Lewis）將愛區分為最基本的兩種形式：有所求的愛／需求之愛（need-love）和無所求的愛／給予之愛

（gift-love）。在探究親子關係時，我認為可以用這個框架來幫助我們思考，到底父母對孩子的愛是哪種愛？是有所求的還是無所求的？

孩子不是父母親的附屬品，這樣的觀念我相信大多數人應該都能認同。但是在教養的過程中，我們相信的價值與正在做的事情是一致的嗎？會不會干涉孩子的人際交往？影響孩子的興趣喜好？更誇張的是，會不會協助孩子鋪路？對其人生發展進行「為你好」的安排？

這樣以自我為核心的愛，是有所求的愛，是需求的愛。簡單的說，為孩子好的本質是為自己好，可能是滿足自己童年的遺憾，是虛榮心作祟，或者是將自己的未來寄託在孩子身上。

◆ 把情緒緩下，檢視你和孩子的互動

有人說養兒（兒子、女兒）防老的觀念已經落伍了，但或許當中仍存在著一些更基礎的需求。換個角度想，如果孩子能自食其力，是不是就不容易回過頭來啃老？其

實這樣的愛也是有所求的。這樣說，不代表父母的愛，為孩子的付出，都是有所求，都是自私的，我相信其中一定也存在著許多無所求的愛。

魯易斯在《四種愛》中將愛的層次與類型進行剖析，對爸爸媽媽來說是個重要的提醒。想一想，如果你和孩子互動時，態度高高在上，頤指氣使，認為自己做的事情都是應該、合理、為你（孩子）好時，不妨暫停下來檢視自己。

自私的愛是有限度的，自私的愛是會變質的，這需要當父母的時常自省與覺知。

「這都是替你們的未來著想！」——《我和我的冠軍女兒》

我非常推崇電影《我和我的冠軍女兒》（*Dangal*），這個以運動為背景的勵志故事是近幾年罕見的經典之作，深刻描繪運動員訓練與比賽中的心理歷程，同時也實在的反應印度重男輕女的社會氛圍。整部片子更讓人省思的是父女關係，以及家庭對於子女的影響。

過往的印度社會，女兒是賠錢貨，所以早早把女兒嫁出去是一種常見的策略，因為這樣可以節省一個家庭的開銷。我相信許多人會因為這種社會氛圍，無意地跟隨與盲從這樣的潮流，也間接衍生出特別的親子關係。而片中的父親在偶然的一次機會中，發現女兒可能遺傳了自己摔角的天分，獨斷且蠻橫不講理的要求女兒走向摔角之路，即使在當時社會輿論的壓力下，這位父親的意志也不得撼動！

這其實顯現的是他的決心與意志凌駕於社會壓力之上，卻完全不是站在自己女兒的角度來看這件事。當然，女兒第一次在比賽後被爸爸稱讚，一直到拿下人生第一場比賽的勝利，她對於摔角的態度才慢慢改觀，同時也因為獲勝的成就感與自信，讓他們父女開始逐漸享受比賽的樂趣。

女兒的認命，在電影中透過第三人（女主角早婚的朋友）的方式點出：「父親的要求是關心、是愛，這些嚴格的訓練背後都是為你們好！替你們的未來著想（而不是像我的父親一樣，只想著把我嫁掉）！」

我必須承認，在看電影的時候，覺得女兒體會了父親的用心良苦，真的非常讓人感動！尤其是她隔天一大早起來自主訓練。但仔細想一想，這樣的場景怎麼似曾相似？有沒有讓你想到新加坡電影《小孩不笨》那個媽媽的經典台詞：It's for your own good！（一切都是為了你好！）

《我和我的冠軍女兒》讓我們看到的是一位沒有拿到金牌的父親，將自己的意志強加在女兒身上。這個「我」代表了父親人生的遺憾，「我的」隱含了自己對於女兒的期許與支配。當然結局是好的，但如果「我的女兒」沒有拿到冠軍（即使拿到冠軍），會不會變成「我和我的女兒和我的冠軍女兒」？或者是「我和我的冠軍孫女」？

在早些年以前，常聽到當醫生的父親因為兒子考不上醫科，要求他不斷重考的例子，甚至有聽到我父親朋友的孩子，連續幾年沒考上醫科只考上牙科的悲慘故事。成長的過程中，我們應該想清楚，這些是父母的願望，還是我的願望？

2 透過關懷讓孩子學習與多元及差異共處

你的起心動念是什麼？
你為什麼會想這樣做？
你的決定與做法是建立在關懷上嗎？
你在意自己與孩子的關係嗎？

提出「關懷倫理學」[4]的奈兒・諾丁斯（Nel Noddings）對於關懷的論述相當完整，看清楚什麼是關懷，理解關係的本質，對於教育和教養上的決策都很受用，很多複雜問題其實也就沒有那麼困難。

[4] 關懷倫理學（Ethics of care）是20世紀下半葉由女權主義者建立的一系列規範倫理學理論，並非強調普遍標準和公平不同，而是強調關係的重要性。

◆把重心放在情感回應，而非指導

諾丁斯認為學校應該關心孩子，並培養孩子學會關心。她所提倡的關懷倫理學強調教師應專注在學生對自己的情感回應，而非教學方法。

對我來說，家長也是一樣，要把重心放在情感回應，而非指導。爸爸媽媽應將孩子的想法置於優先考量的地位。關懷的角色包含關懷者、受關懷者雙方，而維繫彼此的是關係。關懷倫理學認為關懷就存在關係之中，而非一連串特殊的行為。當定義關懷時，無須條列出該說什麼話、該做什麼事等標準守則，**關懷的重心不在於行為上，而在關係**，這是由關懷者與受關懷者雙方面所共同建構出來的。

諾丁斯也分析個體從事行為的理由，往往是出於一種衝動，而不是道德原則。當我們對人類行為越深入探究，可能會發現這些行為背後的理由，極少是出於信念，更多時候是感覺促使我們這樣做。關懷的重心不在我們行動的結果，主要放在關懷者行動前的意識。關懷倫理學強調我們關懷時的心理狀態，**關懷不依行為結果來評判，關懷者的心態是影響關懷行動的關鍵。**

◆傾聽孩子的聲音，接受孩子本來的面貌

身為關懷者，遇到教育問題時，態度不應該是推卸責任，或歸因於單一因素，例如孩子今天會這樣都是學校的錯，都是老師的錯。諾丁斯強調每個教育者都有責任，**凡是能付出關懷行為的人都是教育者。**我們每個人要能明白，所有人內心深處都是需要關懷的，基於這樣的理解，將有助於提升關懷的關係。

人們通常會認定下列的情況屬於關懷：

1 我心裡也一直擔心他。（這是關懷嗎？不是！）

2 我應該常常去看他，但時間不夠，我需要加班！（這是關懷嗎？不是！）

3 我已經請人幫忙照顧他了，我請的保母能夠陪他。（這是關懷嗎？不是！）

但諾丁斯認為這三個例子都不是真正的關懷，當關懷者憂慮受關懷者而造成心理負擔，那樣的感情只是將自己變成了關懷的重心，而非受關懷者；以沒有時間為藉口

是排除自己去思考該如何解決這樣的困境，並使其合理化；給予金錢卻不去付出探望等實際行動，是關懷者自認為所替代的關懷，也可能只是重視關懷責任的公平性，或出於想博得名聲。

這三種常見的情況都只看見關懷者個人的需要，卻沒有考慮到受關懷者的狀態。關懷的行動在於試圖了解受關懷者的真實面，「當我感受到對方，我的內心督促著自己要有所行動」。關懷倫理學強調受關懷者的角色，強調關懷者尊重受關懷者的一切，而**關懷的行動應是為了幫助受關懷者成為「他自己的樣子」，而非使受關懷者成為「我想要的樣子」**。

關懷不是「投射」，不是用個人的假設加諸他人身上。正確地說，傾聽代表關懷者的態度是沒有選擇性的接受，在面對受關懷者時，關懷者以開放的態度接受對方的全部。開放是沒有預設立場的。**傾聽孩子的聲音，代表父母把孩子放進自己的心裡，接受孩子本來的面貌，包括孩子的優點和缺點**，這無關乎評價，只是傾聽孩子的聲音，只是想與孩子同在。

3 練習與孩子對話

與孩子對話，很多時候需要大人單純的聽，過程中不要給予價值判斷或是標準答案。引導孩子把自己內心深處真實的想法說出來，透過「聽」、「說」、「引導」的正向循環，讓孩子感受到你對他的關心與好奇。

孩子的問題有時候天馬行空，在互動的過程中，要讓自己保持幽默感與想像力。當孩子覺得你是一個能和他說話的大人，他的生命就有了一個不錯的出口。

◆想做這個，不想做那個，都可以坐下討論

孩子：「曲老師，如果你是我爸，你會管我嗎？」

我說：「會啊。」
孩子：「那會怎麼管？」
我說：「要看什麼事。」
孩子：「那會給我用平板嗎？」
我說：「會啊。」
孩子：「那會用多久？」
我說：「這個我們可以討論。」
孩子：「那會讓我看電視嗎？」
我說：「會啊。」
孩子：「那可以看多久？」
我說：「這個我們可以討論。但不管是用平板還是看電視，我覺得都需要適時的休息。」
孩子：「如果我說我不想去上課呢？」
我說：「我會了解一下你不想去上課的原因。」

孩子：「那你會因為我不想去上課就請老師來家裡教我嗎？」
我說：「這個我們也可以討論。」
孩子：「那我就是不想學呢？你會逼我學嗎？」
我說：「不會啊，如果你不想學，我不會逼你學，因為逼你學也沒有用啊！我還可以把學費省下來。」
孩子：「那不行啊！這樣長大以後沒有能力怎麼辦！」

不要小看傾聽的力量！

當孩子覺得自己被尊重、被理解、被接納後，他們會在你的陪伴下，開始面對眼前的問題。

「即便前路坎坷，我也想要勇敢去闖！」——《動物方城市》

《動物方城市》（*Zootopia*）這部動畫片的主角小兔子從小立志要當警察，但他的父母老是潑他冷水，不斷的告訴他，只要跟著前人腳步（務農）走就好，不要每天在那邊做白日夢！因為在他們過往的經驗中，從來沒有一隻兔子可以成為警察！當在面對這樣的壓力與反對時，有多少人能夠堅持到最後，證明我能夠做的，不只是你們想的這樣！

過去我常聽到，孩子不懂他自己要什麼，不懂什麼是對他真的有幫助的！但大人的責任是創造孩子探索的機會，讓他們自己去發現，而不是一味限制他們的選擇！在教養的過程中，我們是否無意識的複製上一代的習慣與模式？提醒自己，時常靜下心想一想，我們有多少價值觀是源自於父母與家庭，甚至跟隨這個社會的潮流？教養沒有標準答案，也多半沒有絕對的好與不好，純粹在於個人的選擇。適時放手，給孩子選擇的機會，或許這部電影的主題曲已經為我們和孩子唱出內心的盼望：I wanna try everything even though I could fail！

4 練習真誠的表達自己

了解自己為什麼會這樣想？為什麼會這樣做？用尊重他人的方式讓對方理解你，在傾聽他人的同時，真誠的表達自己的想法及感受，就有機會增進雙方的互信。

◆「我都答應他了，他為什麼又糾結？」

曾經有個家長問說：「我遇到一個不知道該如何處理的情境，孩子有時候會提出一個要求，第一時間我拒絕他後，他會連續再問幾次。我因為擔心孩子會有情緒，在他問了幾次之後，我就會改口答應他。但當我答應他之後，孩子又開始糾結，持續問我為什麼一開始拒絕，現在又答應了！這樣的情況在我們生活當中層出不窮，讓我非常的困擾。」

我說：「媽媽，妳知道孩子為什麼會糾結呢？」

媽媽：「不知道，怎麼想也想不透啊！我不是按照他的期望改變了嗎？」

我說：「是啊！但是妳心裡真實的想法是什麼？」

媽媽：「沒有想要答應他！」

我說：「那妳對他說了什麼？」

媽媽：「我答應他的要求！」

我說：「妳心裡不想答應他，但妳嘴巴卻答應他，妳覺得他會有什麼感覺？」

媽媽：「我不知道。」

我說：「以我對妳孩子的認識，我覺得他會感覺很衝突，他之所以糾結就是因為他知道妳其實不想答應他！」

我接著說：「他會擔心妳為什麼突然改口，為什麼要迎合他。他不知道到底該相信自己聽到的，還是自己感覺到的！因為這些種種，所以才會糾結。」

媽媽：「那我之後該怎麼辦？」

我說：「未來遇到類似的情境，請妳先想一想，妳心裡真實的答案是什麼，然後嘗試整理好自己的情緒，告訴孩子妳心裡的答案。如果妳只是因為擔心拒絕他，他會有情緒，而勉強迎合他，這並不是健康的互動。當然，妳也可以讓他知道妳為什麼會拒絕他，盡可能讓他理解妳的想法。」

5 與孩子對話避免使用質問式句型

生活中充斥著這樣不友善的表達方式：

「為什麼你不趕快把東西都吃完？」

「難道你不能把自己的房間收拾好嗎？」

「你到家怎麼沒有打電話給我報平安？」

「為什麼寫作業時你不能把手機收起來？」

「講了那麼多次，你怎麼不遵守家裡的規定？」

「講了那麼多次，你怎麼不能把脫掉的髒衣服放進洗衣籃？」

這些話，常常是很多家長對孩子說的。是不是會覺得很耳熟呢？

◆一個否定問號傳達的是「不信任」

所謂質問式句型，就是語句中帶有否定字眼，並以問號做為結束。大多數的人聽到這樣的話語，心裡都是不舒服的。因為其中帶有濃厚的指責與否定，不僅指出了沒有做到的事情，也同時貶抑了人格與形象。

質問式的語言，在關係中最大的破壞力，就是傳達出對對方能力的不信任。生活中，我們是不是常常「不小心」使用了這些語言，或是這樣的表達方式已經成為我們的習慣了？

從小我只要聽到「你『每次』都……」就會火大。其實說話的方式與態度是一樣重要的，不然在溝通的過程中，你不知道已經傷害了多少人。

6

回顧我的第一本書：7個習慣

我的第一本書《不孤單，一起走》裡面談到我成長的生命故事，引領讀者反思自己的家庭與父母親的關係，並將管理學大師柯維提出的「7個習慣」，轉化成協助家長教養及陪伴孩子長大的策略。而這本書所討論的情商教育及品格力養成，和7個習慣也大有關係。

對於7個習慣不熟悉的爸爸媽媽們，可以參考柯維的《與成功有約》或我的第一本書《不孤單，一起走》。在此，我會用少少的篇幅和大家分享我認為7個習慣對品格力培養與提升孩子情商的幫助。

在7個習慣中，與個人成功有關的是「主動積極」、「以終為始」、「要事第一」。當我們擁有這三個習慣後，就可以從一個依賴別人的人，變成獨立的人。

◆主動積極：掌握情緒，理解壓力

除了意指行動上的主動外，主動積極更深的層次是態度與思想上的主動。舉例來說，很多時候我們無法控制外在環境的變化，無法阻擋所有我們不喜歡的刺激，卻可以賦予這些刺激不同的意義。簡單的說，我們無法控制所有的刺激，但面對這些刺激可以有不一樣的心態、感受，甚至帶出不一樣的行動。

面對情緒與壓力也是一樣的。我常和孩子分享，當有人罵我們，我們可以罵回去，可以自怨自艾，可以逃避現實，逃避面對真實的問題，但我們也可以選擇接受他人的建議，嘗試理解：為什麼他會有這樣的想法？為什麼會想要這樣跟我說話？這些想法對我有什麼幫助？即使我不喜歡他這樣對我說話，那我是不是可以選擇讓自己不要變成和他一樣的人？

平時主動練習覺察自己的情緒，反思這些情緒的來源、情緒產生後自己應對的方式，練習理解自己和接受自己，透過一次又一次的練習，我們情緒掌握的能力會越來越好，這個過程也是認識自我的學習。

我相信面對壓力也是一樣的，**主動積極可以幫助我們更全面的區辨壓力，理解壓力對我們的正向意義**。當我們具備了主動積極的習慣，很多問題可能就不是問題，因為我們有更寬廣的視野，以及更深度的理解。

如果把按喇叭當作是一種情緒的表徵，或許很多開車族家長比較容易理解「平時的自己」。按喇叭可以是一種提醒，也可能是一種情緒的發洩；相對的，聽到喇叭聲可能讓我們接收到對方訊息，當然也可能感知到情緒。當你心情好的時候，被按喇叭也沒什麼；當你心情不好時，即便對方是善意的，喇叭聲仍然刺耳。但喇叭聲本身是中性的，個體（自己）會因當時狀態對它產生不同的感受，這就是同樣的外在刺激對個體產生不同影響的實例，也是「主動積極」的意義。

◆ 以終為始：目標設定，自我控制

以終為始是品格力訓練的重要習慣，指的是目標設定，與社會情緒學習的自主管理息息相關，包括自我激勵、目標設定、自律、衝動控制，以及應對壓力的策略。也是成就品格當中提到的自我控制。**具備目標設定習慣的孩子，就有機會在生活與學習上有比較好的規律性。**

我常引導孩子思考，這個學期我們可以有什麼目標？甚至這一個月、這一週、這一年我們可以共同完成什麼事情？我很喜歡《銀河補習班》這部電影當中的一句話：「人生就像射箭，夢想就像箭靶子。如果連箭靶都找不到，那你每天拉弓還有什麼意義？」談的也就是設定目標的重要性。

◆要事第一：時間管理，有效運用

要事第一提醒我們時間管理的重要。當我們有明確的目標後，再來就是要能具備一定的執行能力。要能有效的完成目標，需要搭配自我監控的能力，而時間管理是自主管理的重要指標。我認為**「時間感」也是孩子獨立性的重要指標，如果生活中時間無法被有效的運用，生活就會充滿混亂。**所以，爸爸媽媽在訓練孩子自我控制與提升執行功能的過程，要常引導孩子主動記錄自己生活中的時間表。

當孩子確實記錄生活中發生的大小事之後，我們可以跟孩子討論他目前的生活狀態，有多少時間是被有效使用？有多少是被浪費掉的？如果有機會，可以怎麼重新安排規劃自己的時間？是否有把時間花在設定努力的目標上面？

以學習來說，爸爸媽媽要怎麼引導孩子有效自我監控時間安排呢？舉例來說，讓孩子練習預估完成作業所需的時間，預估自己複習準備的時間，透過練習、檢討、重新制定計畫、再執行的歷程，可以提升孩子時間管理的能力。其實對於學習、寫作業甚至考試，需要培養的核心能力應該是時間管理，認知的學習只是附加價值罷了。

◆從「認識自我」到「理解他人」的習慣

看到這裡，爸爸媽媽應該理解為什麼當孩子具備「主動積極」、「以終為始」、「要事第一」三個習慣後，孩子就可以從依賴他人邁向獨立。至於「雙贏思維」、「知彼解己」、「統合綜效」這三個習慣，則是幫助孩子從獨立的人變成一個能與他人互相依賴的人。也就是我在第一部所談到的社會技巧，怎麼樣從處己、處人到處環境能力的培養。或許我們也可以說，個人的成功到公眾的成功，代表我們已經能從認識自我到理解他人階段。

雙贏思維、知彼解己、統合綜效這三個習慣，可以幫助我們更好的認識他人，並與他人建立好的協作關係。

「雙贏思維」談的是要能夠在與他人互動時，願意站在他人的角度設想，考慮對方的利益與感受；「知彼解己」談的是同理心的傾聽技巧，以及能夠用尊重他人的方式，讓對方理解你；而「統合綜效」則是教導我們，只要我們願意，就有機會找到雙方都可以接受的第三方案。

◆ 7個習慣的具體行為描述與自我檢視

理解7個習慣與社會情緒學習的關聯性後，爸爸媽媽可以透過以下的具體行為檢核表，引導孩子檢視自己日常生活中的表現，幫助孩子認識自我，達到個人的「成功」，理解他人，邁向公眾的「成功」。

✎〔檢核表〕關於7個習慣的具體行為

習慣❶ 主動積極

☐遇到不會的問題，我會想辦法解決
☐心情不好的時候，我會想辦法紓解
☐在家裡，我會認真的完成家務
☐下課後，我會完成自己的作業
☐遇到困難和挑戰，我能調適心情
☐我能控制自己的情緒
☐我能控制自己的行為

習慣❷ 以終為始

☐我會設定自己的學期目標
☐我會設定自己的生活目標
☐我會思考自己人生的意義
☐我會思考自己的未來目標
☐我清楚知道自己的使命宣言

習慣❸ 要事第一

☐我能守時不遲到
☐我能按時完成作業
☐我能分辨生活當中事情的輕重緩急
☐我知道生活當中什麼事情對我來說是重要的
☐我能在時間內完成被賦予的任務

□我能有效安排生活中的大小事
□我能把最重要的事情先放入自己的行事曆

｜習慣❹｜雙贏思維

□在和他人互動時，我會考量對方的立場
□在和爸媽互動時，我知道什麼對他們來說是重要的
□在和老師互動時，我知道老師的要求和期待是什麼
□在和同學合作時，我知道什麼是對方在意的

｜習慣❺｜知彼解己

□在和爸媽互動時，我會有耐心聽對方說話
□在和爸媽互動時，我會努力站在對方的角度替對方著想
□我會用尊重的方式和爸媽說話
□在和爸媽互動時，我會努力讓對方了解我的想法與感受

｜習慣❻｜統合綜效

□和爸媽想法不一樣時，我願意努力尋求兩者間的平衡點
□想法與爸媽不同時，我會努力找到彼此都可以接受的方法

｜習慣❼｜不斷更新

□我有充足的睡眠時間
□我會去學習新的事務
□我清楚知道自己喜歡的休閒活動是什麼
□我有時間從事我的休閒活動

7 陪伴者的10個練習

我觀察許多父母與孩子的互動發現，很多家長常常會將自我塑造成「聖人」形象，遇到孩子與自己意見相左時，總是認為自己是對的，孩子就應該要聽爸媽的話！甚至自己犯錯不承認，找一堆理由解釋。在孩子面前當聖人真的好嗎？什麼是父母在孩子面前應該建立的形象呢？

◆ 真誠的與孩子相處，不要塑造完美的形象

父母在孩子面前無須表現得那麼完美，因為在這個世界上，沒有人是完美的！爸爸媽媽也會犯錯，也有心情不好的時候，當然也會有遇到困難的時候。父母應該考量

孩子心理年齡，適時分享個人的狀態，這是身教的一環，同時也是讓孩子理解與面對人生真實的課題。

舉例來說，當我們犯錯時，願意在孩子面前為錯誤負責，並且修正自己，這樣的身教比說教來得有威力，未來如果孩子犯了錯，他會記得爸爸媽媽面對錯誤的態度及作為。在孩子面前承認錯誤、分享挫折，其實沒有那麼困難，而且有機會讓孩子感受到你的溫度。**犯錯與挫折都是每個人共有的人生體驗，在孩子面前當一個真人，而非聖人，我相信有機會讓親子關係更靠近。**

練習❶ 與孩子建立互信關係

怎麼樣讓孩子信任你？

怎麼樣讓你信任孩子？

這不是一件簡單的事情。人與人的信任是依靠互動，一點一滴累積而成，但卻可能一夕崩解。然而若缺乏互信的基礎，關係又無法順利運轉。每個人都需要相信自己的人，因為相信帶來力量，也帶來更多的可能性。

而要成為孩子可以信任的對象，最重要的是讓自己成為一個穩定的大人，不只是情緒的穩定，也包含生活作息的規律性。

情緒穩定並不代表只能壓抑自我的情緒，而是要讓孩子知道「即使我有情緒，我仍然能主動積極的回應，選擇合適的行為表現與抒發」。除了成為一位穩定的成年人之外，要建立與孩子的互信關係第二個關鍵，就是要能夠說到做到！**不要輕忽自己對孩子的承諾，做不到或是不想做的不要說**，像我就最討厭古早常說的「騙」孩子、「騙」嬰孩……。

有許多孩子都是被爸爸媽媽騙大的，這樣的感受其實並不好，如果你認為孩子還小，你可以用這樣的「招式」與他互動，只是不斷地在破壞彼此的互信關係，情感帳戶會持續透支。爸爸媽媽在和孩子相處時要練習說到做到，秉持誠信原則，這種互動方式不僅用在與外人交往上，也是和孩子相處的基礎。

建立好與孩子的互信關係，自己一定要先選擇相信孩子，這樣的相信是即便你知道他可能做不好或做不到，但你仍然選擇先相信他（給他機會）。當孩子感受到自己是被信任的，力量就會慢慢的被培養。而當你願意相信他時，他也就更有機會願意相信你。不要只求孩子要先做到，先付出，你才願意給。我認為這樣的相信，是源自於我們對孩子的愛！如果是愛就無須計較，爸爸媽媽應該要大器一點。

練習❷ 讓孩子感受到被重視

在陪伴孩子的過程中，爸爸媽媽要讓孩子感受到自己是被重視的，要做到這一點其實不難，只要你願意：

認真的聽孩子說說話，把時間留給孩子。

創造屬於你們彼此的時間，陪伴孩子去做他喜歡的事情，這樣的陪伴建立在單純的陪伴，而非指導。在生活上，聽取孩子的意見，採納孩子的建議，即使你認為建議不周延，可能會有問題，但只要後果是大人可以承擔的，讓孩子做決定也是一項重要的練習。

在重要的節日透過實際表現，讓孩子感覺自己是重要的，一個生日蛋糕、一頓美食、一個小禮物，出席孩子生命當中重要的場合，都會讓他感覺被你重視，他也可以從這樣的互動中感受到自己的價值。

練習❸ 練習同理孩子的困難

每個人都會遇到困難，不要拿大人的腦來評價孩子的腦，不要用自己過來人的經驗去輕視孩子遇到的困難。

常有機會聽到爸爸媽媽說：「這個問題這麼簡單，你怎麼都不會！連這麼簡單的事情都做不好，那你以後還能做什麼？」這些過來人的數落，對孩子都是傷害，再簡單的問題，我們都有可能卡關，有時候無關乎能力，不要因為孩子受挫，就否定他這個人。

我相信許多爸爸媽媽已經不記得自己小時候曾經做過的蠢事，請**練習設身處地站在孩子的高度去思考眼前的問題**，長大後很多事情變得容易，那是因為時間的積累。不要倚老賣老，練習真實的感受孩子的困難，不要只出一張嘴，在旁邊下指導棋。

在成長過程中，爸爸媽媽應該做為孩子最堅強的後盾，而不是加深沒有意義的挫折感。請記得，當孩子遇到困難受挫時，你的一言一行都影響著孩子日後的發展，以及你們之間的關係。我們用一個比喻吧，如果孩子還不會游泳，掉到一個深不見底的水池中，其實就跟他生活當中面對困難是一樣的情境，當下我們會怎麼做呢？

練習❹ 避免過度批評與評價

和孩子在一起，有時候就單純的在一起，陪伴不一定要指導，靜靜的與孩子一起經歷，和孩子對話也是一樣的。

練習傾聽孩子的童言童語，嘗試理解孩子的天馬行空，過度的批評容易扼殺孩子的創意，也會破壞彼此的關係。如果是無傷大雅的場合，多練習聽聽孩子怎麼說。父母親聽的方式決定了孩子未來是否持續願意說，試想，如果有人成天潑你冷水，你還會願意跟他分享嗎？

與孩子相處時，請練習同理心的傾聽。

親子關係其中一項重要指標是：**孩子到底願不願意把事情告訴你？**如果孩子有想法願意說，有情緒願意分享，代表你是孩子的夥伴，孩子對你具有信任感。

如果我們期待孩子與我們有這樣的互動關係，請記得，忍一忍，不要急著批判，不要急著給予價值評斷。

練習❺ 沒有人會喜歡被比較

我相信沒有人喜歡被比較，但這又是我們容易犯的錯。

絕對不要輕忽比較的殺傷力，比較可能扼殺孩子信心，傷害孩子的自尊心，同時養成孩子偏誤的價值觀。舉例來說，誰家的孩子又考到什麼樣的學校，誰家孩子參加什麼樣的比賽得到冠軍……「為什麼你就不能像誰一樣？為什麼他可以做得到，你卻做不到呢？」

人的價值不應該建立在與他人比較，每個人都有屬於自己的價值。我們應該追求的是自我評價，應該只有自己能超越自己，今天的自己可以跟昨天的自己比，這是一種自我參照。「別人家孩子考上什麼樣的學校，到底跟我有什麼關係？誰比賽得到冠軍真是好棒棒！但那是他，不是我。為什麼別人做得到，我就一定要做得到呢？」這樣的比較是沒有意義的，如果你想傷害一個孩子，那你就拿他跟別人比。

—練習❻— 培養對孩子的敏感度

沒有人應該比父母親更理解自己的孩子，這無關乎能力，只要我們用心和孩子相處，我們就該對自己的孩子有足夠的敏感度。

過去有許多父母親在晤談時會問我說：

「為什麼我的孩子最近好像悶悶不樂的？」

我覺得**與孩子長時間相處的父母，應該要有能力覺察孩子的情緒，感受孩子當下的感受**。孩子今天在學校是不是受挫了？他最近的學習有沒有遇到瓶頸？他有和同學鬧矛盾嗎？這些環境的刺激都會對孩子造成影響，父母親對孩子狀態的改變應該要有覺察的能力，而這樣的敏感度是從陪伴中養成的。

練習❼ 拋棄既有的刻板印象

不要拿自己人生過去的經驗套用在孩子身上，或是用自己的舊經驗去理解孩子的遭遇。人容易受到刻板印象的影響，但也因為這樣，讓我們無法看清現狀。

你的經驗是你的經驗，不代表能夠完全複製在孩子身上。先入為主的觀念會讓我們自陷泥淖，讓小事變大事，使事情變得複雜。你沒經歷過，不代表不可能發生；你不知道的，也不代表就不存在。鼓勵爸爸媽媽們要**練習拋棄自己的經驗，用心去看看孩子所身處的環境，多回到孩子的脈絡去思考問題**。

練習❽ 人生需要一點幽默感

幽默感是人生中重要的調劑，孩子的成長過程是從不成熟到成熟的過程，當中必定經歷許多錯誤與調整，而幽默感是面對逆境的潤滑劑，當人生卡關（齒輪卡死）或遭遇無可奈何的情境時，它代表的是主動積極的心態，我們可以選擇自怨自艾，但我們也可以選擇一笑置之。

要培養孩子的幽默感，父母必須學習與練習。**幽默感是生活中的重要策略，它可以幫助我們在面對挑戰時，加速調適，並且前進得更好。**

練習❾ 實事求是的面對問題

孩子在成長過程中會遭遇許多問題，當爸爸媽媽在面對問題時，我建議要能夠保持實事求是的態度。很多時候，父母第一時間會選擇掩飾問題，或者是不願意相信與接受事實，但這樣的態度容易讓孩子活在泡泡中。

它就像是一個保護傘，剝奪孩子面對現實的機會，也侵害了他們認知真實世界的權利。有些家長認為要避免讓孩子碰觸敏感問題，希望藉由善意的謊言解套，殊不知拖延並不能解決問題。在我的輔導經歷中，遇過許多家長不敢告訴孩子他們自身的特質，而這會影響孩子形塑自我概念，讓孩子無法完整的認識自我。

練習⑩ 父母也需要與時俱進

孩子會長大，家長也需要調整自己的腳步、角色與策略，不要用對小孩的方式對待青少年，不要用對青少年的方式對待成年人。

我相信在父母親的眼裡，孩子終究是孩子，但大孩子還是跟小孩子不同，**青少年在尋求自我認同，需要掌握自己人生的主導權，爸爸媽媽就要學習授權，讓孩子在嘗試中學習。**

◆記得把孩子的猴子還給他

我很喜歡運用管理上的一些理論提供家長建議：

管理學「背上猴子」（Monkey on the back）的理論很適合用來讓父母反思自己與孩

子的互動關係，猴子代表某些任務或是責任，這其實是用來提醒家長（上司）要把多數責任還給孩子（下屬）。孩子經常希望把猴子丟給爸爸媽媽，讓爸媽來扛責任。但我們其實要練習常把這隻猴子丟還給孩子。

如果我們將這個理論中的上司換成父母，下屬換成孩子，就會很容易理解。該下屬（孩子）做決定的，一定要讓他們學著做決定。做決定，意味著為自己的決定負責任；不想做決定，常常是他潛意識不想承擔責任。

一般來說，下屬（孩子）不思考問題，不習慣做決定的根源有兩個：其一是依賴上司（父母）或別人（老師）；其二是上司（父母）習慣替下屬（孩子）做決定，或喜歡享受別人聽命於自己的成就感。讓下屬（孩子）自己想辦法，做決定就是訓練下屬（孩子）獨立思考問題和勇於承擔責任的能力。

◆讓孩子去冒有意義的險

我很鼓勵父母多讓孩子去做一些新的嘗試，雖然可能會失敗，遭受打擊與挫折，也有可能會受傷，但如果衡量過這是有意義的事情，而且失敗的後果是我們能承擔的，我寧願讓他受挫折。

如果孩子主動尋求我的意見，我會陪他分析各種決定可能的利弊得失，並將最後的決定權還給他。儘管很多時候我明知道孩子的決定不好，但還是會讓他自己選擇與決定，因為犯錯本身也是一種重要的學習。

※

心理學的「自我決定論」[5]可以用來解釋孩子缺乏能力以及不願意與外在接觸的原因。自我決定論認為人類與生俱來有三種需求：自主性（Autonomy）、自我效能（Competence）與相關性（Relatedness）。簡單來說，自主性就是所謂的自我意識與自我決定，自主甚至包含最基礎的自理能力，例如孩子要能自己決定穿著打扮或要吃什麼；自我效能就是孩子覺得自己有能力（能為自己與為別人付出）。這些能力是自信與安全感的來源。

---

❺ 自我決定論（Self-determination theory, SDT），是動機與個性相關的理論，每個人的天賦、資質與心理需求都不同，排除外在誘因與影響，主要探討人的內在動機，聚焦於個人主動性與自我決定。

缺乏安全感（自信）的孩子，成年後不容易與外在建立好的連結，長期處於低自尊的情況下，心理與生理都會受到影響。而造成這樣結果的原因，常常是大人過度保護的關係，使得這些能力沒辦法從生活中開展。

想一想孩子二十年後甚至三十年後的樣子，你希望未來孩子有什麼樣的能力，應該從現在就開始努力！

那一年，這部電影給我的省思（3）

「再翻一次吧！」──《翻滾吧！男人》

二〇一七年代表台灣在世大運體操賽奪下鞍馬項目金牌的李智凱，他的圓夢歷程被拍成電影紀錄片！10年前《翻滾吧！男孩》片中的那群孩子現在都已成年，持續在體操界堅持的李智凱與黃克強在《翻滾吧！男人》這部紀錄片中重逢，除了讓我們看見一群追夢人長期投入、努力奮鬥的身影，也訴說著人生中無常、痛苦、選擇、掙扎與挫折的生命經驗。

在教練眼中天分平平，靠著努力一步一步達到今日成就的智凱，坦然接受自己不是「天才」的事實，他知道自己想要有好成績，必須付出比一般人更多的努力，或許也正因為認清自己，讓他「甘願」跟著教練苦練。

我想這部紀錄片或許帶著某種主觀，刻意呈現出天才型選手黃克強隨著年紀增長，在體操成績上變得平庸。片中克強回憶當年被迫離開林教練的過程，讓人充分感受到當時家長的決定在他心裡深深烙下一個印記。就事件本身，不同的身分帶出了不一樣的思維與觀點，父母心疼孩子被教練體罰，提出要持續練體操，就必須換教練的要求。站在教練的角度，我相信是痛苦的，而這樣的痛苦不單是無法享受優秀選手的成績與光環。站在克強的角度，從他在影片中的反應看來，他能理解父母當年的決定，但某種程度卻仍無法釋懷，或許這也是他的成績一直無法突破的原因之一吧！

★

在孩子的成長過程中，自己的決定遠比正確的決定來得更重要，因為決定意味著負責任，給孩子決定的機會，就是讓孩子練習承擔責任。人生沒有辦法重來，所以也不需要後悔，更不要過度檢討當年的決定，因為沒有人知道，就算當初真的做了不同的決定，是否就會帶來盡如人意的效果。

孩子的堅持或是選手的堅持，多半源自於相信！相信自己身邊重要的人（父母、教練），相信自己的選擇是對的，相信自己正在追求一個有機會達到的目標。不管過程如何辛苦，自己的努力是有意義的！這些辛苦是必須的。我想這樣的堅持或許需要的是一股「傻勁」，有時候沒有想太多，其實也不是壞事。這樣的傻可以幫自己抵抗現實的辛苦，這樣的傻可以讓自己面對旁人的冷嘲熱諷，讓自己能夠靜下心來，面對反覆、單調與辛苦的訓練課程。訓練需要與時俱進，父母也需要。

紀錄片中，智凱面對大賽因為緊張而表現失常，教練除了用各式各樣的語言「激勵」他，真正重要的是接受結果後的反思：教練不僅透過直接指導的方式告訴智凱，「你的心理素質不夠，才造成這樣的失敗！如果你失敗了，犯錯了，你可以立刻在場邊練習修正自己剛才的表現！」同時也反思他與選手互動的日常，是不是平常照顧太多，做得太多了，造成智凱的依賴心理，無法獨自面對這樣的挑戰與困境！

教練說：「未來我們要讓他自己提出他要練什麼，然後主動要求我們幫忙，因為他已經長大了，不能再像以前那樣。」我相信這個心理狀態是父母面對孩子成長的必經過程，這是與時俱進的能力，在教養上，我們會因著孩子的狀態調整步伐與策略。

生命的無常，沒有必要和任何人比較，或是拿自己的標準要求別人。智凱在奧運前夕受傷，被迫放棄，在自己擅長的鞍馬項目失常；克強好不容易進入狀況，突如其來的一場疾病，讓他多年來的努力付之一炬。雖然是一部紀錄片，但這樣的劇情是出乎意料的，而這也是真實的人生！我相信這些變化沒有人能夠預期，我們所能做的，就是穩定的堅持！

影片中不時傳遞克強似乎沒有盡力練習的訊息，但克強的獻聲說法並不這樣認為。或許每個人對認真有不同的定義與標準，如果克強是認真的告訴我們：「我已經很認真！」我會選擇尊重與相信，因為我們不是克強。常有人說，我們應該從過去的歷史學到教訓，但我認為這是困難的，因為每一段歷史都有其脈絡，很多時候我們並不會在同一個脈絡中！

8 重建關係的10個撇步

沒有人是完美的，我們都值得擁有更多的機會。

很多人都是第一次當父母親，很多人也是第一次當孩子，我們都不完美，也有可能犯錯，請多給彼此一些機會。如果爸爸媽媽做錯了，請真誠的向孩子說聲抱歉，想辦法從行動上改變。實質的改變會帶來關係上的變化，爸爸媽媽若是想要與孩子重建關係，可以參考下面10個撇步：

撇步❶ 適時拋棄父母的身分

把孩子當作你的同事，你怎麼跟同事互動，怎麼跟同事說話，就試著用這樣的關係去互動。孩子長大了，這是他努力尋求自我認同、認識自己的階段，權威與壓迫往往只會帶來反效果，家長的角色隨著孩子年紀增長也需要與時俱進啊！

撇步❷ 有技巧的說教

即使是善意的提醒，在信任關係建立前，效果也很有限，因為孩子的防衛機制在接收到重要訊息前已經築起一道高牆。收起批判與評價，練習從孩子的角度去思考及分析問題，提供如果你是他會怎麼想的策略！

撇步❸ 嘗試建立新的連結

孩子的世界和我們不一樣，他現在感興趣的是什麼？他喜歡做什麼活動？讓他自己去經驗。你認識幾個YouTuber？你知道機台怎麼玩嗎？你有和孩子一起玩過夾娃娃機嗎？請試著走進孩子的世界，讓孩子知道爸爸媽媽跟他活在同個時空中。

撇步❹ 透過實際行動表達對孩子的關心

如果過去零用錢都是媽媽給孩子，現在可以換成爸爸給。把時間空下來陪伴孩子做他喜歡的事情，陪伴的過程不要試圖扮演什麼角色，單純的陪伴就好，更不要在這時候討論重要的事情或灌輸孩子想法，這樣會讓陪伴變質。

撇步❺　在孩子面前承認錯誤

爸爸媽媽也是人，沒有人是完美的，即使你們當年成績所向披靡，或是在職場上呼風喚雨，請試著放下這些身分與光環，讓孩子認識你最真實的一面。

遇到困難，練習跟孩子分享，這樣做並不是示弱，而是讓孩子有機會更親近你們。在與孩子相處時，如果自己沒做好，就要承認，讓他們有機會可以原諒你，這是非常重要的身教。

撇步❻　親子互動不要過度勉強

避免深化衝突讓關係惡化，在合理的範圍內尊重孩子的選擇。給孩子一些空間也是給自己空間，為難孩子其實就是為難自己。

撇步❼ 溝通不只是光用嘴說

如果遇到孩子表現不如預期，甚至讓你傷心難過，在溝通方面還控制不好自己的情緒時，可以考慮透過文字替代，傳傳簡訊、寫寫信，都有機會把你的想法與感受用比較中性的方式傳遞。寫完後，夫妻相互幫忙看一看，彼此提醒，寫信的目的不是說教或是教訓孩子，而是傳遞自己的想法與感受。

撇步❽ 擁有教養好夥伴

好夥伴很重要，爸媽應該成為教養過程中最堅實的夥伴！若想要改善父子關係，媽媽的角色非常重要，在三方互動中，媽媽有機會扮演好橋梁，也有機會做球給爸爸。但請不要對爸爸加諸過度的期待，在這樣的互動關係中，大家都是生手，要給彼此一些空間與犯錯的機會。

撇步❾ 適時的求救

如果遇到瓶頸，可以尋求有類似經驗家長的幫助，當然，和理解脈絡的專業人員討論，一定也會對自己有些幫助。沒有時間好好面對孩子的時候，請和其他家人或朋友協調，讓自己做好準備再出發！

撇步⑩ 保持耐心與樂觀

永遠有改變的可能！想想自己年輕的時候，是不是也讓父母感到擔心與困擾？這些年過去了，現在你是怎麼看待自己與爸媽的關係？孩子成熟需要時間，他值得你的耐心，讓自己保持穩定，痛苦會過去，情感會留下來！

9 學習鼓勵孩子

不要忘記，當一個人處於高度壓力的環境，對學習是沒有幫助的。

我相信沒有人想要把事情搞砸，更沒有人希望自己表現不好。爸爸媽媽在指導孩子的過程中，一定要顧及孩子的自尊，因為只有在互信與安全的環境下，個體才會有最好的表現！

◆你為什麼不開口鼓勵孩子？

孩子不容易獲得父母的鼓勵，通常有幾個原因，例如：

1 我們的文化善於批評，爸爸媽媽每天工作都很疲憊，累到無心鼓勵。

2 自身的成長過程就比較少被鼓勵。
3 擔心孩子變得驕傲，變得自滿不努力！
4 看不見孩子的優點，覺得根本沒有哪裡值得鼓勵。
5 認為鼓勵小孩很彆扭。
6 不能接納自己的孩子。
7 缺乏鼓勵孩子的技巧。
8 永遠不滿足，認為好還要更好！
9 覺得發掘孩子的錯誤是自己的責任。

◆鼓勵讓孩子有機會更喜歡自己

父母需要有能力「鼓勵」孩子，你一定會認為鼓勵一點都不難，但其實有效的鼓勵非常需要技巧。爸爸媽媽可以參考《看見孩子的亮點》書中提到五種鼓勵的語法，練習具體的鼓勵孩子：

1 肯定孩子的特質與能力。
2 指出貢獻與表達感謝。
3 看重孩子的努力與進步。
4 讓孩子感受到你對他有信心。
5 傳達接納與認可。

鼓勵可以讓孩子學習看見自己的好，降低對於失敗的恐懼，並且勇於嘗試；也可以讓孩子學會鼓勵自己與他人。鼓勵也有機會讓孩子變得更喜歡自己！

◆批評比讚美更有效，真假？

心理學家在觀察以色列空軍訓練飛行員時，發現教練的批評比讚美有效，通常得到稱讚的飛行員，下次的表現會變差，而挨罵的飛行員下一次表現會變好。

但事實並不是這樣的，通過更長期的觀察發現，不管是成績優異受到稱讚的飛行員，或是成績特差而挨罵的，其實都只是回歸到該有的平均表現而已，即使過程中教練一句話也沒說，所有人的表現都會更好或更差。

人的心智錯覺誤導了我們的判斷，讓人以為說讓對方痛苦的話，會比說鼓勵的話來得有用。

如果真是如此，面對孩子的行為表現，你罵他或是鼓勵他，可能對他未來實際的表現沒有絕對的影響。但我遇到問題時，仍會選擇鼓勵孩子，因為鼓勵會產生其他的好處，責備還有許多意想不到的副作用！

快樂的情緒像一支大型探照燈，消極情緒像小支的手電筒

有些孩子會因生活當中的挫折經驗反覆糾結，跳脫不開過往經驗的羈絆；有些父母會因不當管教方式造成親子關係的傷害，懊悔自責，久久無法釋懷。人之所以對這樣富含情緒性的記憶印象特別深刻，是因為大腦本身運作機制的緣故。當生活中的事件引發我們情緒反應時，注意力與記憶力變得特別的好！

閃光燈記憶（Flashbulb memory）一詞，意指情緒事件的震撼性使得人能記得事發當時的狀況。對我們有重大情緒衝擊的事件，通常對個人有其重要意義。研究也發現，引發情緒經驗的幻燈片或是故事情節，杏仁核活動活躍，讓受試者記憶較完整。強烈情緒使腦部特定部位處於高度激發狀態，較容易形成神經元連結（也較容易記住）。

經過二十幾年實驗證明，心理學家提出情緒可提高記憶力和對信息的提取能力。情緒與記憶的關係其實挺複雜，包含壓力對記憶有所影響，情緒的強度與類型也都有影響。當我們快樂時，回憶與開心有關的是整個情景而非具

體細節；遇到阻礙時，我們會感到生氣，則傾向於記憶阻礙我們目標有關的具體細節。

心理學家設計實驗想要了解情緒對於記憶的影響，這個實驗利用一九九五年辛普森謀殺案的判決視訊，實驗參與者見證了同樣的影片片段，有些人認為被告無罪，也有一些人相信被告是有罪的。由於觀點不同，造成兩群人分別處於正向積極與消極的情緒。觀看判決視訊七天後，研究者訪談了一百五十六位大學生對審判結果的感受，約有一半學生對結果感到生氣或悲傷，而有四分之一的學生感到高興，剩下四分之一則持無所謂的態度。

審判一年又兩個月後，研究員將先前的審判影片設計成一份清單，再次訪談參與者，讓他們指出哪些事件曾在審判中出現過，用以測試其對於判決過程的記憶。這份清單有一半是真實發生，另一半是編造的。實驗結果發現，對審判結果感到高興的學生會比悲傷生氣的犯更多錯誤，甚至會把發生的事情說成沒有發生。而對結果持消極情緒的學生在回憶那些沒有發生的細節時，所犯的錯誤相對較少。

快樂的情緒就像一支大型探照燈，它照亮了記憶中的事件，捕獲很多細節，但同時也會納入一些不相關的訊息；而消極情緒較像小支的手電筒，關注的是事件具體細節。這能解釋為什麼心情愉悅會讓人變得不拘小節，不計較那些芝麻綠豆的小事；也能說明孩子在被同學欺負挑釁時，特別在意傷害的程序與細節。

10 同理孩子的困難

家長常陷於錯誤教養經驗所造成後果的痛苦情緒，往往在午夜夢迴時懊悔「當初不這樣做就好了」。

陪伴孩子與家長這幾年來經常反覆經歷一種情況，就是孩子與父母常糾結在過往不愉快的經驗。爸爸媽媽面對孩子的負向回憶無力招架，經常有家長詢問：「孩子又在抱怨了，我到底該怎麼樣處理他這樣的情緒呢？」

◆協助孩子理解並接納自己的情緒

當知道人腦的運作機制後，我們心裡就應該接受：這就是人性。因為清楚地知道，也讓我們更能同理孩子的困難。我會建議家長透過下面幾個階段去協助孩子理解並接納自己的情緒：

❶讓孩子知道不管發生什麼事，我們都愛他。
❷同理孩子的感受，協助孩子澄清事件發生時的狀況。
❸透過反思與討論，引導孩子思考未來面對類似事件的處理方式。
❹主動積極改變思維，扭轉負面經驗的詮釋。

◆詮釋角度不同，情緒感受也大不同

不管是父母親或是孩子，在面對負面情緒時，這四個階段不一定只重複一次，也可能因為孩子本身不同的狀態或情緒強度，只需要經歷某些階段。

例如一個天性樂觀的人，在面對挫折時，可能自身只需要經歷第三或是第四階段就可以重拾動力。即使再負向的經驗，都可能因為我們思維轉換而變得有所不同，《腦筋急轉彎》（*Inside Out*）這部動畫中的角色憂憂不小心把快樂記憶變難過，是人腦存在的機制。同一事件會因為人詮釋的角度，而有完全不同的情緒感受！

◆想照顧好孩子，要先照顧好自己

當面對孩子反覆向我們抱怨時，要先釐清這樣的抱怨是否真有那樣的情緒感受？還是只是用來達成另一項目的行為？

孩子會持續抱怨，可能為的是獲取父母的關心，也有可能是仍然糾結於事件本身。建議反覆運用前述的四個階段，如果孩子依然不斷向父母反應，建議**設定適當的停損點，讓孩子知道，我們愛他、同理他，也願意協助他找方法，但頻繁的抱怨並不能解決問題，也會造成壓力與焦慮。**

如果陪伴者時常處於這樣的情境，相處的品質也會下降，舊的問題還沒解決就衍生出另一個新的問題。切記，要想照顧好孩子，必須先照顧好自己。盡最大的努力，不預設立場與期待。每天晚上睡覺前，我都會告訴自己：

「我已經很努力了，放過自己，明天再來！」

11 不要想著去複製別人家的孩子

人習慣解決表面的問題，或是在問題發生時想立刻找到解法。但是，有些問題根本不是問題，有些問題在沉澱一段時間後可能也不是問題，我們為了立即解決眼前的問題，可能因而產生新的問題。而有些方法並不是（累積）就一定會有效果。

舉例來說，有注意力缺陷過動症特質的孩子在學校上課時常分心，爸媽在課後找最好的老師幫孩子補習，補一天沒進步，就補兩天，兩天沒進步，就補三天，三天沒進步就補四天，老師教不夠，爸媽繼續接力……。

孩子疲乏了，看到學習就想吐，開始出現厭惡學習的前兆，前一天再怎麼讀怎麼補，成績還是個位數。這個階段已經不是學習能力或專注力的問題，而是學習動機的問題了。

◆孩子的改變需要時間

動機不是可以「補」的，需要調整的是環境、全家人對於學習這件事的態度、讓孩子覺知到自己的特質與狀態、協助孩子形塑正向的自我概念、引導孩子思考學習的意義，這個階段屬於重建動機的階段，然後才會進階到學習目標設定，以及發展適合自己的學習策略。

有些人說這些知易行難，我認為要做這些事並不難，難就難在有沒有用對方法，有沒有耐心。

改變是需要時間的！當孩子陷入這樣的困境，爸爸媽媽擔心與焦慮是必然的。和家長一起努力的這些年，我深刻感受到大家的辛苦。這樣的同理，源自我自己也常跟孩子混在一起，一起吃、一起住、一起笑、一起難過。我會的，多半都是過去陪伴的孩子教我的。

當我們真心想要理解這群孩子，我們就會在相處的時候，接收到他們想告訴我們的訊息。

◆分享教養的積極心態與方向

長期觀察父母親與孩子的相處，可歸納為以下十點提醒，當中不僅反應了個體的迷思，也蘊含了整個社會的氛圍：

1 愛與全然的接受是第一步。

2 關心孩子的基礎能力，這個能力包含對事物的喜愛、對人的興趣。

3 內在的東西比外在的來得重要。

4 尊重與對等開啟了我們跟孩子真實的連結，讓我們有機會重新審視和孩子的互動與關係。

5 孩子不是我們的附屬品，要讓孩子選擇，讓他成為獨立自主的個體。

6 教養沒有標準答案，教育沒有特效藥，在短時間內拚了命的做這個做那個，讓自己和孩子隨時處於高壓狀態是不健康的。

7 年紀大的孩子用對方法，他仍然會不一樣！（大腦是可以塑造的！有個爸爸說，在觀察我帶的大孩子後，發現他們有明顯的變化。）

8 家庭氛圍、家庭的支持，會對孩子的教養與發展起關鍵的變化。

9 孩子的內在有兩個世界，大人只有一個世界。如果想要讓孩子來到我們的世界，我們就要讓這個世界是有趣的、好玩的，這樣他才願意探索、嘗試與努力，不然他寧願回到自己的那個世界。

10 功利心與比較心會讓家長無法真正認識自己的孩子。（追求世俗的成功，很多時候反而害了孩子，孩子的本質與天賦常會在我們追求普世成功時消失，但這也是反人性的！）

我分享的不是育兒操作手冊，不像修電器般告訴你每一個步驟該怎麼做，而是一個方向，一種理念以及積極的心態，希望幫助家長在陪伴孩子成長的過程中不過度焦慮，以至於迷失了方向。

◆請先練習認識自己的孩子

不要想著去複製，去脈絡化的抄襲是危險的。

對別人家孩子好的，不一定對你們家孩子好；對別人家小孩有用的方法，也不代表適用於你的孩子，請先練習認識自己的孩子，試著回到環境脈絡中。別人成功的經驗可以參考借鑑，但絕對不是照單全收。

當方向確立了，教養的過程其實滿貼近互聯網思維的「小步快走，隨時糾錯」。每對父母面對每個孩子在每個時刻都是新的經驗，因為你在變化、孩子在變化、環境也隨時都在變化。現在對的，不代表之後還是對的。現在好的，未來也未必是好的，與時俱進是必然的。

教養很多時候沒有絕對的對與錯，關乎的是選擇。但如果真的錯了，那就改吧！這個歷程需要的是覺察與反思，也就是觀照自己與自我對話的過程。當你具備了這樣的技術，和自己談一談也是非常有幫助的！

12

孩子是鏡子，練習發現自己的盲點

平時除了觀察孩子之外，我其實也會觀察家長的狀態與反應。有些家長淡定，有些家長焦慮，有些家長異常的關注細節……。而在我十多年來的輔導工作中，很清楚的發現一件事，就是環境與家長對孩子的影響力。

教養無關乎對錯，只是選擇，當我們選擇了，就要承擔後果。過度焦慮的家長容易帶出焦慮的孩子；過度完美主義、要求孩子細節的家長會教出容易緊張的孩子；不容許孩子犯錯的家長容易讓孩子沒有自信和承受過度的壓力。

不要忘記，孩子是我們的鏡子，父母對他的影響是長期的，潛移默化的，這需要我們不斷的覺察與警醒！

◆成為家長教養旅程中的好夥伴

有些家長定期會跟我討論孩子的近況和自己的表現，下面這個例子我想對很多家長來說都不陌生。

孩子在學校常常表現不如老師預期，被老師留下來，一個星期上課五天，平均差不多接近五天放學都被留下來。媽媽每天都在校門口等他，甚至很多時候會走進學校找孩子。我和這位母親是長期互動的，這一年多以來平均每個月會談一至兩次，她的孩子也持續穩定的進步。

這一次談話，我聽和說的比率接近九比一，多數時間都是引導媽媽能夠再多說一點。我想應該是我們之間彼此信任的關係，媽媽在我的引導下說出自己其實覺得最受不了的，是小時候自己非常優秀，通常只會得到別人的稱讚，而不是處罰。每天這樣子走進學校對她來說根本就是羞辱，搞到連警衛都認識她，還常常要面對老師們質疑的眼光。

「我想他們應該覺得我是一個不稱職的母親，不會教孩子的母親！這讓我非常受不了。我自己是大學教育相關學系的教授，但我的孩子卻是這個樣子，這些壓力讓我覺得很痛苦！」

聽了媽媽這番話後，我把自己的想法和建議跟她分享：

「妳辛苦了！其實過去的努力，孩子是有在進步的，這一點妳很清楚。但這段時間孩子密集的出狀況，讓妳覺得很崩潰，這我也能理解。因為妳之前就曾經跟我分享過自己小時候的成長經驗，那樣的優秀不是一般人能及的。

「孩子現在的表現會讓妳覺得很受挫，面子掛不住，覺得丟臉，這些我從妳剛剛分享的，都感受得到，這也是我為什麼沒有打斷妳的原因。這段期間真的是辛苦妳了！我很高興妳願意跟我分享自己會這麼挫折的原因，我想妳是有勇氣可以面對的。

「孩子也是不斷在變化的，我們重新檢視這段期間讓妳崩潰的原因吧！稍微釐清一下，孩子這段時間的表現，哪些行為是妳覺得他可以做到，但他沒有做到的？還有哪些是他能力還做不到的？這部分我建議妳先花時間寫下來，我們再一條一條的來討論。等我們確定後，也跟孩子一起討論。另外，重新檢視自己對於孩子的期待與目標，這部分也請妳先寫下來，我們再來討論。」

◆你還是你，不要過度承擔孩子生命的責任

結束對話後，我個人對於這段晤談的反思是：過往我遇到家長這樣的反應，我會在談話過程中引導家長發現自己的盲點，這次我有意識地打斷自己這樣做。一方面是這個媽媽的情緒非常的崩潰，除了說話速度比平常更快之外，能感受到她在描述這些事件時的憤怒、委屈、不甘願！所以我選擇傾聽的時間多於引導（在談話時間非常有限的情況下）。

談話過程中，我沒有告訴她，「妳的憤怒與委屈都源自於妳把孩子的表現當成自己的表現，妳心理上過度承擔了孩子生命的責任，這樣會讓妳很痛苦！孩子表現不好，不代表妳就是個不稱職的母親，也無減損妳兒時和成長過程當中的優秀，那個優秀依然存在，妳還是妳！」

孩子不是我們能百分之百掌控的，我相信他對於自己這陣子的表現也會感受到壓力與不滿，這是為什麼我有時候面對孩子的錯誤時，不再嚴厲斥責的原因，而是回歸到**讓孩子意識自己的狀態，並學習修正自己的表現**。

家長的失控與情緒其實不單純來自於孩子表現不好，更多的時候是他讓自己沒面子，是他打擊到那個什麼事情都做得很好的你！

我很高興這位媽媽能意識到自己的心理狀態，並願意分享。這次談話讓我體會傾聽與同理的力量，我下意識地要求自己不給建議，即使時間有限，我也要盡可能的聽她把想說的話說完！

後記

感謝！期待後續更多的十年

曲智鑛

社會情緒學習是認知學習的基礎，它是鞏固個體的核心能力。有些人可能會把社會情緒學習、品格力定義成「軟實力」，這麼多年努力下來，讓我更確信這些能力是可以，也必須培養的。專注自我、關懷他人與理解世界都因時空環境及個體的變化而改變，是需要不斷學習、成長與自我突破的。

社會情緒學習具有「動態複雜性」的特質。簡單來說，就是我們要理解事件、個人會隨著時空環境的改變而有差異。過去這樣運作，不代表現在還是這樣；過去適用的觀念，不代表現在仍然適用，所有人都需要「與時俱進」。

坊間仍未見同時探討社會情緒學習、社會技巧及品格力的書籍，但細究其發展脈絡能窺見彼此緊密的關聯性。每個孩子都會經歷認識自我、理解他人與世界的歷程，而孩子的成長需要愛的滋養，需要溫暖且關懷的環境，讓大腦能在安全的狀態下發育。做為父母親，我們應有能力創造這樣的環境，給予孩子支持及引導，透過身教引領孩子逐漸邁向成熟，在照顧好自己的同時，也能適時的關懷他人，擁有系統性思考的能力，解決真實世界遭遇的問題。

◆十年前的觸發，十年後的反饋

想一想賽利格曼電箱中的那隻小狗，在不斷遭受電擊之後的反應。我相信沒有家長希望看到孩子變成那樣，對生活與學習失去熱情，喪失自信與行動力。不論我們的孩子狀態如何，遭遇什麼樣的環境，不要忘記，我們都有機會扭轉情勢，扮演好穩定陪伴者的角色。成長心態教會我們的是：**只要我們願意，永遠都有改變的可能，每個人都有機會。**

十年前閱讀彼得．聖吉與丹尼爾．高曼合著的《未來教育新焦點》，啟發我對於社會情緒學習的關注，近年來與美國各地學校交流時更發現，這是一波由民間組織發起的教育變革，不同型態的教育團體也將社會情緒學習當成其核心教育理念與努力目標。大家一致認同**教育應從人的內在出發，透過由內而外的擴散及交互作用匯聚能量，不斷地修整調和達到個體內、人與人之間、人與環境之間彼此和諧的狀態。**

這十多年來的實踐，讓我清楚知道在生活中如何有意識的鍛鍊孩子的品格力，有效的提升社會技巧與增進社會情緒學習。當我們創造一個允許孩子犯錯的環境，清楚理解孩子現階段的狀態，設定明確目標後，就有機會透過自然情境教學、隨機教學與體驗學習的模式幫助孩子成長。我們都認同「給孩子魚吃，不如教孩子釣魚」，我相信這些能力將會是孩子一輩子最重要的資產。

◆更自信地走在自己相信的教育路上

感謝這一路來陪伴我成長的孩子與家長，讓我有機會從「經驗」中學習。謝謝我的大學導師蔡克容，他啟發了我對於心理學的學習興趣，引導我在學習中建立反思的習慣，讓我有源源不絕的內在能量。謝謝誠致教育基金會的董事長方新舟先生，在基金會三年的學習，開啟了我的視野以及做夢的勇氣，讓我能更自信地走在自己相信的教育路上。也謝謝家人的包容與體諒，讓我能義無反顧地投身教育現場，生活中大量時間都和需要的孩子及家長在一起。

在教育現場堅持十多年，選擇與創造不一樣的教育工作型態。這樣的堅持多半源自於相信，相信自己的選擇是對的，相信自己正在追求重要的目標，相信自己有機會達到這樣的目標。不管過程是如何辛苦，相信自己的努力是有意義的。

相信或多或少蘊含著一股「傻勁」，認定一個方向就勇往直前，或許有時候沒想太多也不是壞事，因為這樣的「傻」可以幫助自己抵抗現實的辛苦，這樣的「傻」可以讓自己對旁人的冷嘲熱諷產生抗體，這樣的「傻」使我能夠讓自己靜下心來，面對反覆、單調、辛苦與挫折。

在教育現場走完第一個十年，期待後續更多的十年。

附錄

家長的FAQ & 參考資料

家長的 FAQ

Q1 如果我的孩子年紀還很小，要如何引導孩子反思呢？

反思的層次與孩子的年紀和事件經驗本身有一定程度的關聯性，對於年紀小的孩子，引導其反思的重點可以放在事件之後的後果，強調其中的因果關係。例如：

孩子在公共場合吵鬧（因），引起相關人員的關注與提醒（果）；

孩子出門忘記帶水壺（因），活動的過程中感覺口渴（果）；

在溼滑的地板上奔跑（因），滑倒受傷（果）。

爸爸媽媽在引導的過程中，要特別注意，不要嘲諷或是加上過多的個人情緒，只要陳述事件與事實本身即可。

請不要說：「你看吧！不聽媽媽的話！現在跌倒受傷了，真是活該。」或是「我不是早就跟你說了嗎？誰叫你不聽……。」這些富含情緒性與價值判斷的字句，會模糊了孩子反思時的焦點，也容易傷害彼此的關係。

Q2 學校環境是屬於自然情境嗎？自然情境教學一定要到自然環境當中嗎？

所謂的自然情境教學，不代表一定要帶孩子到大自然環境當中。「自然情境」泛指所有孩子身處的環境都可以是其學習的場域。

學校是非常好的練習場，在學校學習一方面可以訓練孩子的自我控制能力，在與老師和同學的相處中也可以培養自己的社會智能。學校是一個有制度、有秩序、有規則的自然情境，也是一個可以提供孩子豐富刺激的學習環境。

Q3 社會情緒學習是不是學一次就好了？

很多家長會認為，我的孩子已經上過社會情緒學習的相關課程了，那他是不是就已經具備社會情緒學習的能力？我還需要持續關注他這方面的能力嗎？

社會情緒學習的核心概念包含自我意識、社會認知、關係技巧、自主管理以及負責任的決策，這些能力都是一輩子會持續不斷需要的能力，同時隨著個體的成長，不同年齡身處的環境，遭遇的問題都不一樣，社會情緒學習的能力也需要跟著與時俱進，這部分的概念是原文文獻中提及的「動態複雜性」。

簡單的說，不同年紀的人都需要有自我意識，但處理的議題不同。不同年紀的人也都需要具備關係技巧，小時候我們關心的是和同學的相處，和老師的相處，和爸爸媽媽的相處；長大後，我們需要面對的是與同事的相處，和自己伴侶相處，和自己年邁的父母親相處。因此，社會情緒學習是人一輩子都需要的核心能力，而且需要我們終身學習與實踐。

Q4 不是說自己的穩定會帶動孩子穩定嗎？為什麼我努力改變，孩子卻都沒變？

爸爸媽媽在孩子成長階段扮演關鍵性的角色，其社會情緒的穩定會帶動孩子穩定的發展。但是這樣的改變通常需要時間，很多爸爸媽媽在自己改變後，會期待或要求孩子立刻變得穩定，我覺得這是不現實的。

孩子的改變需要時間，有時候他甚至需要適應大人的改變，因為孩子也不確定爸爸媽媽現在的改變是「真」的嗎？

教養不應該是特效藥，而是把握原則耐心等待的過程，當爸爸媽媽真的改變了，好像也就不那麼容易被孩子的變化影響了。

Q5 是不是不能罵小孩？但是有些孩子要我大聲說話他們才會聽

常看我文章的爸爸媽媽，在我面前有時候會很擔心露出自己的真面目，覺得曲老師應該不能接受自己罵小孩。其實這當中存在著「罵」的迷思概念。

我並不是不會罵小孩，而是我們彼此對於罵有不同的理解與認識。當孩子犯錯時，依據情況，我有時候也會很嚴厲的與孩子對話，這樣的情況通常會考量事件的嚴重性、孩子本身的態度和發生的頻率。

嚴厲的對話不代表一定要大聲，通常我可能會加強語氣、善用停頓，重複確認事件當中某個環節。說話不一定要大聲，或是歇斯底里，孩子才會有感覺，過多的情緒容易模糊焦點，爸爸媽媽可以練習用嚴肅的說與討論來「罵」孩子。

Q6 品格力培養如果沒有情境怎麼訓練？

品格力的教學，包含直接教學與透過情境中的反思學習。沒有情境時，我們可以讓孩子閱讀相關的文本素材或是影片，透過角色與劇情去引導孩子練習反思。

像這樣的訓練可以是品格力養成的基礎。當帶入情境後，可以將兩者進行串聯，讓孩子理解「我」的處境與故事中人物的處境有哪些異同？故事中的主角採取什麼樣的策略去面對自己所身處的情境？以及這樣的經驗對「我」現在所面對的情境有什麼幫助？

Q7 爸爸媽媽彼此教養觀念不同，孩子無所適從，我們可以怎麼做？

爸爸媽媽對於孩子的教養可以有不一樣的觀念，但需要彼此充分的溝通。不要同一件事情對孩子有兩種或是多種以上不同的要求，等孩子大一些後，可以讓他知道爸爸是怎麼想的？媽媽是怎麼想的？但彼此現在的共識是什麼？讓孩子有清楚的規則去依循。同時也讓孩子知道，即使兩個人有不一樣的觀點及想法，仍然可以好好的溝通討論，並且努力達成共識，或是尊重彼此的決定。

「家」是一個小團體，家庭關係是許多孩子人際關係與處事原則的原型，爸爸媽媽是孩子學習的典範，不要輕忽自己的的影響力。

Q8 孩子平時都知道生氣時該怎麼做，但為什麼生起氣來就完全無法控制呢？

孩子在沒有情緒刺激的當下，可以很清楚知道自己生氣時該如何表現，這是因為這樣的情緒控制，僅僅停留在認知層次，他們可能還不具備實際操作與反應的能力，這也是為什麼自然情境教學對情緒訓練非常有幫助的原因。

當我們是透過真實情境的刺激訓練孩子，就不會是知道但做不到的狀態。爸爸媽媽一定要記得操作這樣的練習，自己的情緒不能有太大的起伏，不能受到孩子情緒刺激的影響。

一個稱職的引導員與陪伴者，就是要在孩子陷入情緒風暴的當下，引導他抽離與覺察。但如果自己已經亂成一團，或是被孩子的情緒影響，那要做到有品質的反思、分析與形塑新行為就不太容易了。

Q9 孩子在使用手機上無法自我控制，我可以沒收手機嗎？

手機成為許多家長的幫手，讓自己可以短暫脫離孩子的刺激。但無節制的使用手機網路，容易讓孩子忽略對於周遭人、事、物的關注。

舉例來說，吃飯的時候讓孩子看著手機，他可能喪失多少學習的機會？在孩子養成自我控制能力之前，建議爸爸媽媽對於手機要有一定程度的約束，沒收手機只是其中一種手段。

孩子小的時候，最好是在大人的陪伴下共同使用手機。換句話說，不是把一支手機丟給孩子，爸爸媽媽自己再另外用一支，這個時期孩子其實不需要擁有一支自己的手機。等孩子長大一點，在給孩子手機之前，一定要訂好清楚的使用規則，如果孩子違反彼此的約定，使用手機的資格是可以被取消的。自我控制能力是需要培養的，無法自制的自由，對孩子其實是一種傷害。

Q10 孩子同理心特別差，我還可以怎麼教？

同理心的訓練層次有認知層次、情感層次，以及實踐的層次。

對於同理能力比較不好的孩子，我會嘗試布置情境，讓孩子有機會可以感同身受，因為脫離情境的說與教，同理心訓練多半只能達到認知的層次，孩子或許會知道別人可能有什麼感覺，但自己體會不到。透過情境的真實刺激，有機會將孩子同理的能力提升到情感的層次。

而所謂實踐的層次，是要讓孩子真的因為同理而付出行動，這部分身教就變得非常重要。模仿是許多學習的開始，當爸爸媽媽自己具備同理的能力以及行動時，在生活中就可以讓孩子不斷經驗到同理的行為，久而久之，孩子也較容易自動化的反應與表現。

參考資料

◆相關書目

1 丹尼爾・高曼（Daniel Goleman），彼得・聖吉（Peter Senge），2015，《未來教育新焦點》，天下文化

2 芭芭拉・歐克莉（Barbara Oakley），2017，《大腦喜歡這樣學》（二版），木馬文化

3 史蒂芬・柯維（Stephen R. Covey），2017，《與成功有約》，天下文化

4 曲智鑛，2017，《不孤單，一起走》，親子天下

5 保羅・塔夫（Paul Tough），2017，《孩子如何成功》，遠流

6 安妮・布魯克（Annie Brock），希瑟・韓德利（Heather Hundley），2018，《成長性思維學習指南》，親子天下

7 米哈里・契克森米哈伊（Mihaly Csikszentmihalyi），2019，《心流》，行路

8 魯易斯（C. S. Lewis），2012，《四種愛》，立緒

9 張英熙，2013，《看見孩子的亮點》，張老師文化

◆相關電影

1《阿拉斯加之死》（*Into the Wild*），2007
2《型男飛行日誌》（*Up in the Air*），2009
3《X戰警》：黑鳳凰（*X-Men: Dark Phoenix*），2019
4《心靈捕手》（*Good Will Huntin*），1998
5《腦筋急轉彎》（*Inside Out*），2015
6《動物方城市》（*Zootopia*），2016
7《翻滾吧！男孩》，2005
8《翻滾吧！男人》，2017
9《我和我的冠軍女兒》（*Dangal*），2017

國家圖書館出版品預行編目資料

曲老師的情緒素養課：生活中教出孩子的高情商和好品格 / 曲智鑛著. -- 臺北市：商周出版：家庭傳媒城邦分公司發行, 2019. 11
面； 公分. -- (商周教育館；29)
ISBN 978-986-477-757-0(平裝)

1.親職教育 2.情緒教育

528.2　　108018114

商周教育館 29

曲老師的情緒素養課

——生活中教出孩子的高情商和好品格

作　　者／曲智鑛
企畫選書／黃靖卉
責任編輯／林淑華

版　　權／吳亭儀、江欣瑜
行銷業務／周佑潔、黃崇華、賴玉嵐
總 編 輯／黃靖卉
總 經 理／彭之琬
事業群總經理／黃淑貞
發 行 人／何飛鵬
法律顧問／元禾法律事務所王子文律師
出　　版／商周出版
台北市104民生東路二段141號9樓
電話：(02) 25007008　傳真：(02)25007759
E-mail：bwp.service@cite.com.tw　Blog：http://bwp25007008.pixnet.net/blog
發　　行／英屬蓋曼群島商家庭傳媒股份有限公司城邦分公司
台北市中山區民生東路二段141號2樓
書虫客服服務專線：02-25007718；25007719
24小時傳真專線：02-25001990；25001991
服務時間：週一至週五上午09:30-12:00；下午13:30-17:00
劃撥帳號：19863813；戶名：書虫股份有限公司
讀者服務信箱：service@readingclub.com.tw
城邦讀書花園 www.cite.com.tw
香港發行所／城邦（香港）出版集團
香港灣仔駱克道193號東超商業中心1樓_ E-mail : hkcite@biznetvigator.com
電話：(852) 25086231　傳真：(852) 25789337
馬新發行所／城邦（馬新）出版集團【Cite (M) Sdn Bhd】
41, Jalan Radin Anum, Bandar Baru Sri Petaling, 57000 Kuala Lumpur, Malaysia.
電話：(603) 90578822　傳真：(603) 90576622

封面設計／李東記
版面設計／林曉涵
插　　畫／Ringo Hsu
印　　刷／中原造像股份有限公司
經 銷 商／聯合發行股份有限公司　電話：(02) 29178022　傳真：(02) 29110053

■2019年11月12日初版
■2022年12月21日初版3.6刷
Printed in Taiwan
定價380元

城邦讀書花園
www.cite.com.tw
 ISBN 978-986-477-757-0

線上版讀者回函卡